未來趨勢學習 64

五歲前，培養超強閱讀力

黛安‧麥堅尼斯博士◎著
Diane McGuinness,PH.D.

張彬◎譯

Growing a Reader from Birth:
Your Child's Path From Language To Literacy

高寶書版集團

五歲前，培養超強閱讀力！
Growing a Reader from Birth:
Your Child's Path from Language to Literacy

作　　者　黛安·麥堅尼斯博士(Daine McGuinness, PH.D.)
譯　　者　張彬
總　　編　林秀禎
編　　輯　蘇芳毓
出 版 者　英屬維京群島商高寶國際有限公司台灣分公司
　　　　　Global Group Holdings, Ltd.
地　　址　台北市內湖區洲子街88號3樓
網　　址　gobooks.com.tw
E-mail　　readers@gobooks.com.tw（讀者服務部）
　　　　　pr@gobooks.com.tw（公關諮詢部）
電　　話　(02) 27992788
電　　傳　出版部（02) 2799-0909　行銷部（02）2799-3088
郵政劃撥　19394552
戶　　名　英屬維京群島商高寶國際有限公司台灣分公司
初版日期　2007年7月
發　　行　希代多媒體書版股份有限公司　Printed in Taiwan

Growing a Reader from Birth: Your Child's Path from Language to Literacy
Copyright © 2004 by Diane McGuinness
Published by agreement with W.W. Norton & Company, Inc.
through Bardon-Chinese Media Agency. .
Complex Chinese translation copyright © 2007 by Global Group Holdings, Ltd.
ALL RIGHTS RESERVED.

國家圖書館出版品預行編目資料

五歲前,培養超強閱讀力 / 黛安.麥堅尼斯(Diane McGuinness)著 ;
張彬譯. ─ 初版.── 臺北市 : 高寶國際, 2007[民96]
　面 ;　　公分. ─（未來趨勢學習）
譯自 : Growing a reader from birth :
　　　your child's path from language to literacy

ISBN 978-986-185-077-1(平裝)

1. 兒童閱讀　　　　　2. 語言學－教學法
3. 學前教育－教學法　4. 親職教育

523.1　　　　　　　　　　　　96010954

五歲前，

按部就班培養孩子的溝通能力，

能夠讓孩子離成功最近！

目 錄　　　　　　　　　　contents

何謂閱讀高手的養成？

　　培育閱讀高手和養成優秀聽眾的技巧是一樣的。這些技巧讓我們了解語言的各種層面。一個優秀的讀者並非如一般人所想的，只是擁有解讀每個字義的能力而已。解讀能力雖然重要，但在閱讀技巧裡只扮演次要的角色。在那些有明確的字母書寫系統的國家裡，一個發音只以一種符號表示，孩子學習這些「破解密碼」的規則只須花上約十二個星期。然而英語的字母編碼，卻是非常的「不透明且難以理解」，一個發音可能有多種拼法，有許多種方式可以解讀相同的字母。就因為如此，許多孩子在學習如何解讀上，遭遇到不必要的難題，大家的注意力更從最重要的事物上轉移到其他地方。倘若孩子認識的字彙不多、句法和語義技巧很差、無法旁徵博引、循序漸進、融會貫通，就算他勉強能了解他所聽到的，也無法了解所閱讀的書籍內容。

　　所有的證據都顯示，成為一個優秀讀者最主要的指標，就是在生命早期時就有良好的語言學習發展。人們在任

何年齡都可以學習閱讀，但語言技巧卻不是這樣隨時想學就學得會。這些技巧早在孩子與父母親密的口語互動中就開始萌芽，在往後每一步的學習上，父母都扮演著非常重要的角色。無法和父母和褓姆有正常口語互動的孩子在語言發展上會嚴重落後，如果這種狀況持續過久，甚至可能再也無法恢復正常。

父母在語言之舞中的角色

在過去十年裡，我們對語言發展以及父母在其中扮演的角色的了解，有前所未見的進展。生理上的構造讓我們能設定語言發展的里程碑，孩子從辨識語言（聽覺型態）到了解特定的意義（人類、事物和動作所發出的聲音），到早期語言的產生（牙牙學語），然後到寶寶說出第一個有意義的字的神奇時刻。一般的孩子會在生命中的第一年就完成以上這些任務，也就是幾個月的時間。其他更複雜的語言功能，則會在接下來的兩年內出現。

然而，所謂「一般的」孩子是一種統計平均值，我們知道這些里程碑出現的時間點其實真的是因人而異。有些孩子要到十八個月或更大才會開口說話。科學家嘗試了解遺傳因子對這些個別差異的影響程度，例如聽覺處理能力（分析說話模式的能力），說話─動作發展（模仿他人說話的能

力），特定語言功能（把說話模式與意義連結的能力），或是環境因素（父母投入的程度），或是這些因素之間的關係。

　　雖然生理構造並非語言發展爭議的原因，但人類的確不是各種語言都會的。在語言型態上，我們沒有一個像鳥類一樣的世界各國通用的範本。無論我們的生理構造為何，這個構造並非為單一特定語言所設計。人群在經過時間、空間或環境的隔離後，就會發展出一種獨特的語言，有新的發音和文字，以及不同的文法架構。孩子無法靠著遺傳因子就學會語言。他必須先聽然後學會說。沒有父母的說話溝通交流，孩子的語言能力就無法正常發展，甚至還可能會自動關閉學習功能。至於在何時會惡化至此，就沒有人敢說了。

　　每個人類都有一台「普世語言製造機」，但語言不像汽化器，不是開一條組裝線就能製造出來。每個人的機器和別人的都有些許的差異，這個差異則是來自遺傳。在幼年時期，孩子的語言智商（原則上指的是字彙量的多寡）其實更像是親生父母的翻版──即使父母和孩子從未曾謀面。根據針對數千個雙胞胎和領養兒童的調查顯示，在青少年時期末期之前的孩子，有50%的語言技巧是由他的基因決定（也就是，與他親生父母的語言能力有非常強的正向關聯。）另外的50%則大部份歸因於一個樂於分享的環境。對年幼孩子而言，分享的環境指的應該就是孩子在家裡的成長環境。這表

示父母不單只是傳遞出他們的基因，還可以操作這些基因——就看他們是怎麼和孩子在口語和情緒上互動了。

　　現在我們了解父母該在這個分享的環境中達成何種使命。這項任務最令人興奮之處，就是知識真的就是力量。父母對孩子養成特定的語言和溝通技巧方式，有著正面的影響。了解這些技巧有助於父母著重並加強做對的事情，或去模仿做法正確的父母的行為。只要清楚哪些做法有害無益，父母就可以避免去做那些不正確的行為。這本書的主要目標就是詳述在某段時間裡，年幼孩子需要我們怎麼去協助他們；以及從孩子出生到五歲的這段時間裡，父母該如何以最有效的口語和應對模式去和他們互動。

寫下來的語言

　　早在人類這個物種的發展初期，口語就已經是主要的溝通模式。口語只存在於現在，除非有人把前人說的話逐字記下，否則語言無法超越時空流傳下來。五千年前，文字的發明改變了一切。一時之間，會話、訊息、官方公告，演講、歷史、謎團、傳說、法院程序、作戰計畫和詩詞等，全都可以記錄下來永久保存。

　　書寫系統是一種編碼或是密碼，藉由抽象的符號來表達口語中的聲音。讀者必須解讀這些符號，才能瞭解原始的

訊息。因為這項發明是如此了不起，既新穎又複雜，所以必須設立學校來教授，大部份的人認為閱讀是靠著我們的「閱讀機器」來進行運作的。他們忘了讀者同時也是聽眾。聽眾的工作是要弄懂說話的人（作者）想說什麼。就某種角度而言，我們可以把文字想成是一種過濾器或帷幕，說話的人必須隔著這層東西去和他的聽眾溝通。

在一般的對話中，聽眾最重要的任務就是努力去理解說話者想要表達的意思。這個任務不會因為說話的人的訊息變成文字而有所改變。事實上，讀者必須更努力去了解。因為許多有用的線索在轉換成文字時會消失，例如說話的人的語氣，肢體語言和面部表情。文字裡也沒有任何資料或停頓時間，提供聽眾線索察覺說話者的意圖和言語的真偽，或是讓聽眾有時間去過濾他的想法。印刷文字鮮少贅言。小說中角色的對話並不像我們一般談話時，會使用以下這些字眼：

喔、嗯、嗯、對，你應該說出來。嗯，我想你該說出來。讓我這麼說好了……嗯，嗯，她不是，我是說，我們不是。噢，這裡有個更好的例子。

還有一個會漏掉的線索，就是說話的人和聽眾共同分享的背景知識。讀者瞪著整張紙上滿滿的抽象畫符，必須去弄懂這些到底是什麼意思，不僅要把這些字母排序轉變成單

字，更要把單字變成有意義的文字段落。

　　所以當人們對閱讀的通俗定義是「把符號解讀成口語的能力」時，只能算是提到了讀者最基本的工作而已。讀者不能僅僅認識這些字母、字彙和文句；他們必須能瞭解上下文意，發揮想像力，才能對這些字裡行間代表的涵義有全盤的理解。

　　想擁有良好的閱讀和拼字能力，孩子必須具備三種技能。這些技能不一定要同時擁有。解讀（把符號轉變成聲音）是閱讀的入門途徑，因為沒有解讀能力，就沒辦法看懂文章。寫碼（把聲音譯成符號）是做到能以文字表達的要件。想閱讀、拼字和寫作就要用到聽覺，視覺和精細動作。孩子必須分辨這麼多不同形狀的字母，還要背起來。他們必須聽得出每個音標以及每個字母的發音，學習把字母和發音正確無誤地結合起來。背誦技巧則用在記住這些抽象的形狀和聲音，至於記住哪個聲音應對哪種形狀的語言發展就比較晚，大約會是在四歲左右。

　　第二種技巧是順暢的閱讀能力。讀者不僅要能正確解讀內容，還要看得快。如果解讀速度太慢，讀者就無法了解自己在讀什麼。想想看如果每頁只印一個字，這本書會有多難讀。閱讀在速度上而言已經是比較慢的活動。人們一分鐘可以講兩到三百個字，其實這也是大腦能理解口語的最佳限度。優秀的大專生一分鐘大概也可以讀到這麼多字。小二學

生每分鐘平均讀八十個字。當閱讀速度降到這個水準以下，理解就變得很困難了。

閱讀速度與其他技巧有關。舉凡正確解讀的能力，閱讀內容的難易度和一般的語言能力，都與閱讀有關。優秀的讀者能預測到下一句中可能會出現的單字，因而加快了閱讀速度。優秀的讀者就如同一個絕佳的聽眾，能夠靠著自己對文法、語言使用（口語用詞）的知識和對主題的熟悉度，預測到說話的人可能會說些什麼。這就是為什麼雙關語、文字遊戲和玩笑讓我們發笑的原因，因為它們並不是我們預期說話者會說出的或是應該說出的內容。

只懂得解讀符號的孩子可能會拼對字，然而除非那些字存在於他的字彙庫裡，否則它們就無處可去。它們會被大腦設定成「不在家」或「沒地址」。它們在腦海中游移，然後在記憶中褪色，逐漸消失而終於不見。優秀的讀者必須具備足夠的字彙量和對文法架構的理解。

許多讀者可能會驚訝的發現，雖然孩子擅長正確解讀文字和分辨字彙，卻看不懂閱讀的內容。最誇張的例子來自義大利一項關於唐氏症孩子的研究。這些孩子心智嚴重遲緩，智商只有四十左右（正常人平均智商是一百）。儘管如此，他們仍舊能說出句子。他們能進行「對話」，等待輪到他們說話的時機，做眼神接觸，儘管他們幾乎無法了解別人和他們說什麼，他們的回應通常也沒有意義。但是，這些孩

子個個都會閱讀。也就是，他們都會解碼。他們接受一個為正常八歲孩子設計的困難的閱讀測驗，正確解答了複雜的多音節字彙。但當他們被問到讀了什麼時，他們答不出主題，角色的名字，故事的情節以及其他內容。許多案例也記載了有些能夠正確又順暢閱讀的孩子，卻無法理解自己讀到什麼內容。

這些事實告訴我們關於語言和閱讀的關聯中非常重要的一點，就是雖然學習字母和哪個音配對很重要，但在閱讀的過程中，其實扮演的也只是次要的角色。相對而言，理解讀到的是什麼就重要得多了。有關孩子閱讀理解力的調查顯示，預測閱讀理解能力的最有力指標，不在於解讀正確或閱讀速度，而是聆聽的理解力，也就是瞭解別人在說什麼的能力。你可以由聆聽理解力的角度來預測閱讀理解測驗的成績，準確度大約是50%。如果以解碼技巧（一個一個字彙的讀）來做預測，準確率只有10%。這兩種技巧結合後準確率更高，大約達到70%。就統計的觀點而言，這樣的成績已經算是夠好的了。

聆聽理解力和學習寫字系統需要不同的投入和訓練方法，適合運作的時間也不相同。如果培養閱讀能力的基礎在於擁有良好的語言技巧、足夠的字彙量、文法結構的知識和記憶力，我們又是怎麼知道必須要擁有這些的呢？當六歲的潔西卡讀到，「小兔子在離牠們洞穴不遠處的茂密草叢裡縮

成一團，」她的腦海中馬上出現一個鮮活的畫面，就在離洞穴不遠的茂密草叢堆裡，棕色的小兔子們縮在一起。潔西卡甚至可以想像，洞穴裡是很溫暖舒適的。然而，對在閱讀正確性和流暢性能力測試中，成績和潔西卡一樣好的傑森而言，他只能想像出「兔子」和「草叢」。傑森從沒聽過洞穴這個字。他不知道兔子住在裡面。他也沒聽過蜷縮或茂密這兩個字。他的「大腦」知道蜷縮是個動詞，因為它被放在動詞的位置上。

以傑森的角度來看，當他正確唸出：「小兔子在離牠們洞穴不遠處的茂密草叢裡縮成一團，」的同時，他其實只了解「小兔子……在離……的……草叢裡……，」。他的大腦傳達出模糊的概念，像是兔子們在做有關「蜷縮」這件事；草叢不只是草叢，因為它很「茂密」；兔子很靠近「洞穴」這個東西，或許指的是「兔子媽媽」？就算有圖畫可看，他也不見得會比之前自己所知道的懂得更多。

讓潔西卡和傑森有如此不同的表現，原因就在於為人父母的你。基因當然對語言發展、文法結構正確性以及單字和記憶力都有影響，但基因絕對不是全部。最重要的是從孩子生命的第一天起，父母們是如何並是否和孩子有許多說話和閱讀方面的互動。身為父母的我們自然而然就知道我們所兼負的任務。但當我們很清楚知道自己該做什麼、為什麼要這麼做後，我們就能更有效率的去做這些事情。了解孩子學

習過程中某些特定時段需要我們何種協助，對我們是非常有幫助的。孩子從不吝於溝通和說話。他們早在子宮裡就開始想說話了。嬰兒盡其所能的吸引我們參與他們的遊戲和活動，協助他們終於成為使用語言的高手和閱讀專家。如果你願意，孩子會是你最好的老師。這本書就是要來幫你進入孩子這趟從牙牙學語到說文解字的學習旅程。

關於本書

這本書從孩子尚在子宮孕育，一直記錄到孩子五歲前。每一章都收錄了關於孩子在語言和認知發展上的最新研究，並提供一些方法讓為人父母者在孩子學習適當技巧時，能助他們一臂之力。這種按照時間順序編排的方法，能讓你在尋找相關資訊時更加容易，並且能專注在孩子能夠使用的技巧上。請記住，所謂魔術年齡其實是不存在的。孩子的第一個字可能早在十個月大時出現，但也有可能要晚到兩歲時。不管是哪種狀況，都是相當正常的。

同時你也該知道，嬰兒和幼兒了解的遠比他們表達出來的更多。用行話來說，就是要能先感受語言，才能創造出言語。嬰兒懂的東西不止遠遠超出你的想像，他們還會在腦海中進行一些思考活動。這個把想法變成單字的過程對他們而言是非常困難的。因為語言發展中有太多的活動是在檯面

下進行的，所以你更應該從頭開始閱讀這本書。你會發現你的孩子做了什麼，她一直以來到底進步多少。在了解她的進展後，你就更清楚自己該如何準備，才能在她的下個成長階段裡對她更有幫助。

　　這本書著重在探討自然語言的發展以及語言的理解。語言理解指的不僅是單字的意義，它是我們在解讀這個世界時，所必須具備的一切心理過程，包括知識，對時間的理解、順序、因果關係、同理心、邏輯和推理能力。我們的探討使用了很多資源，包括父母如何協助孩子發展複雜的語言和思考技巧等豐富的資訊，也綜論了針對閱讀教學的實用建議。好消息是我們確實知道需要教導孩子什麼，讓每個孩子都能學會閱讀。

1 從零歲到一歲
理解的形成

子宮內的聆聽

聽覺和觸覺，是胎兒在母親子宮裡最早開始發展的感官知覺。在懷孕第三期（六到九個月）時，從耳朵透過五個傳達點到更高層次腦皮質的連結已然成形。每個神經傳導長得更厚實，有助聲音從耳朵的感覺器官，快速傳達幾乎到聽覺皮質。雖然聽覺在生命形成初期即開始發展，但高層次的大腦構造得花上一段很的長時間才能完成。視覺的發展就不同了，起步晚，卻完成得早。

神經系統的改變與胎兒體驗過的經驗息息相關。大約在母親懷孕六個月時，胎兒原本的寧靜殿堂突然間成了喧鬧的花花世界。那可能是血液流動的嘶嘶聲，母親穩定的心跳聲，或是來自外在世界的巨響。在所有聲音中，母親的聲音在子宮內遠比外人從外面聽要來得大上許多，因為母親的聲

音會隨著骨頭傳到子宮裡產生共鳴作用。如同大多數人一樣，你可能認為在寶寶的聽覺世界中，所有的聲音都是嘶嘶作響、混亂又不和諧。

然而一篇出人意表的研究刊登在一九八六年科學雜誌上，撼動了這個共識。迪卡柏和史班士發現初生兒竟然能辨認出他們在母親子宮裡就聽過的由著名兒童文學作家賽斯博士（Dr.Seuss）所寫的「戴著帽子的貓」（即為電影「魔法靈貓」之原著）的童話故事。實驗是這樣進行的：在懷孕最後六週時，母親以平常講話的聲調並配上生動的表情動作，就如同講故事給四歲的孩童那樣，每天對著肚子裡的胎兒朗讀故事兩次。等到嬰兒出生後，再由母親重述「戴著帽子的貓」以及一個他們從未聽過的故事「國王和老鼠」，看嬰兒比較喜歡哪一個。透過吸吮人造乳頭的次數，嬰兒對故事的興趣多寡得以衡量。結果是，小寶寶在聽「戴著帽子的貓」時，吸乳頭的速度加快且時間較長。

從那之後，一篇又一篇的研究報告不斷揭露尚在子宮內的胎兒能做些什麼。大多數的報告指出，寶寶這些非凡的成就大約是在母親懷孕第六個月時發生。藉由偵測胎兒心跳率的新科技，許多研究報告觀察胎兒的心跳頻率是否會因為聲音訊息的不同而有所改變。當我們專注於某事上，心跳會明顯變慢，部分原因是因為動作突然變少的緣故。心跳在你移動時加快，靜止時變慢。你很難在煩躁或移動時集中注意

力。胎兒也不例外：聽到令他們感興趣的聲音時，胎兒的心跳減緩，停止移動專心聆聽，和我們沒兩樣。

　　藉由這個技巧衡量興趣或注意力，來自不同國家的科學家們造就了以下的發現。首先，胎兒喜歡聽母親說話。準媽媽被要求對胎兒說：「哈囉，寶寶，今天好嗎？」，並且是一天重複說好幾次。胎兒在聽了一、兩次後，心跳會戲劇性的變慢。結論是只要母親這麼說，胎兒的心跳就會變慢。不過當準媽媽沉默或悄悄地說時，胎兒的心跳就不會有上述反應。在賽斯博士的某項研究中，媽媽們被要求在孕期最後的四個星期（第三十三到三十七週）內，每天對胎兒唱首簡單的音韻。結果是，比起從沒聽過的曲調，寶寶在聽到熟悉的育兒小曲時心跳變慢了。

　　其次，胎兒學習辨別從子宮外傳來的聲音形式，尤其是音樂。根據愛爾蘭的一項研究，調查對象是每天固定收看某齣連續劇的孕婦，以及並未收看該劇的孕婦各一組。當孕婦收聽連續劇主題曲時，胎兒的心跳變慢。從未聽過這首曲子的胎兒則對主題曲沒有反應。在另外一項研究中，心跳模式則顯示在相同的音量下，胎兒能分辨出搖滾樂和古典音樂的不同。

　　最後，子宮裡的胎兒對不同的音節形式很敏感。在一個著名的法國研究中，胎兒聽著從放在母親肚皮上的擴音器傳來一直重覆的字眼「貝比」。在聽過「貝比」幾次後，胎

兒每聽到「貝比」一次，心跳就會變慢。可是到後來，這種
心跳的反應停止了，因為胎兒聽膩了這個字眼。如果在此
時，把兩個音節互換變成「比貝」，心跳馬上就慢下來，可
見胎兒已經注意到「貝比」和「貝比」之間的差別。

　　總而言之，這些研究勾劃出一個一致的模式。子宮裡
的胎兒或許會、也或許不會特別注意到初次聽到的聲音。但
只要這個聲音夠清晰、響亮，又重複一陣子，尤其如果這是
媽咪的聲音，就會吸引到他們的注意。一旦胎兒注意到這個
聲音，除非聲音變得很短、重複又單調，不然他們會對這個
已經熟悉的聲音模式維持好一陣子的興趣。當然胎兒不懂那
些字代表什麼意思。他們學到的是母親講話的方式、腔調和
聲韻。這也解釋了他們為何擁有分辨或對不同類型音樂的喜
好。胎兒對整體的音質及音韻模式有反應，對特定某首旋律
或和絃則沒感覺。

　　這項法國主導的研究顯示了胎兒對單字或音節的聲音
模式有特別的感應能力。這項發現相當驚人，因為這表示寶
寶來到世上後對語言聲音（語音）結構的分析，早在第一天
就已經開始了。

新生兒的成就

重要的是，你怎麼去說你要說的話

　　你的小寶貝就在這裡。她有七磅八盎司重，令人驚豔的小腦袋不斷進化，就為了多了解你和她的世界。她在妳的輕言撫慰下至少已經過了三個月。現在，她終於見到了妳。她看起來可能有些無助，有點懶洋洋的，可是比起某些「專家」的保守看法，她更可能是未來的愛因斯坦，甚至還比妳們這些做媽的（自然比較了解自己小孩的能耐）所認為的要更聰明。

　　她知道怎麼讓妳做出她想要的反應，而也只有妳知道（但妳不曉得妳其實是打從心裡就知道）該做些什麼。如果她是妳的第一個小孩，妳會發現妳正在用一種作夢也沒想過的方式在講話和行動。當那個小小的、一臉無助的小東西，用她充滿問號的大眼睛直直看著妳時，妳的聲音和態度就變調了。妳發現自己在說：

哈囉囉囉囉囉小小的小小小小的珍妮妮妮。哈囉囉囉貝貝貝比比
珍妮妮妮、小小的小人兒　珍妮妮妮　哈囉囉囉

　　妳是著了什麼道嗎？不只是妳，妳老公，妳父母，隔

壁鄰居，甚至那個發誓絕不會這樣的古怪喬治叔，也這麼講話了。這種專屬於小寶寶的語言模式，就叫「媽媽腔」。她像是一片生物CD，而寶寶就是知道該怎麼睜著那圓滾滾的大眼睛和紅咚咚的小臉頰，讓我們自動播放。

　　科學家花了許多時間研究媽媽腔。到底它是什麼？和小嬰兒的聽力又有何關聯？它對小嬰兒學習語言時有何幫助？讓小寶貝感到很舒服嗎？結論是，媽媽腔並非童言童語（譬如，我的小寶兒貝貝開心嗎？），而是在各方面都可以完全滿足小嬰兒需求的一種語言。

　　媽媽腔和一般說話的腔調有著很顯著的差異，比一般說話的音調高上八度。誇張的抑揚頓挫使得腔調的音域相對廣泛（就如同我上面舉的例子）。而且因為話說得很慢，所有的音都拉長了，尤其是母音。用詞既簡短且常重覆，絕不咬文嚼字，每個字都說得一清二楚，重音也不例外。在距離約一呎（約三十公分）處傳送出的響亮又生動的媽媽腔，對小嬰兒的影響力最強。

　　我不必特別告訴你，因為你就是知道該這麼做。不過知道為什麼要這樣，還是挺有趣的。聽覺還沒發育完全的嬰兒當然需要聽到比大人習慣的音量更大的聲音，才能聽得清楚。而且他們只對某個音域範圍的聲音有感應，所以高音調的聲音才合他們的口味。不過就算有以上的限制，他們對生字的敏感度，尤其是子音和母音的組合，著實令人驚豔。所

以逐字慢慢說，加上拉長母音的發聲，就能幫助寶寶更容易熟悉我們的語言。

小寶貝的第一個字

當嬰兒還處在成為語文大師的起跑點時，最困擾他們的莫過於搞清楚你這段話是從何開始，以及到哪裡才結束。從我們口中說出的句子可不像在紙上，每個字的間格都印得整整齊齊。我們常把所有的字連在一起：「吉姆你來餵奶好讓我做飯啊！」這時小嬰兒就必須從這一團字漿中找出每個字。

妳覺得小珍妮聽到妳說了什麼：

哈囉囉囉囉囉　小小的小人兒。媽咪咪咪的　小小小
小的珍妮妮妮。哈囉囉囉　貝貝貝比比　珍妮妮妮，
小小的小人兒　珍妮妮妮。哈囉囉囉　貝貝貝比比。

透過一些巧妙的小把戲，科學家能讓寶寶告訴我們他們了解多少。譬如我們得知，妳的話小嬰兒聽得清清楚楚，不過當然，他們一個字也聽不懂。他們需要點時間把妳的話輸入腦海儲存。不過在四個半月大時，透過精密的測試，證實了珍妮認得一個字，也就是妳和家人講那個字講到一定的程度，那就是：珍妮。

　　妳的寶貝聽懂的第一個字就是她的名字，至少她這麼認為。就算你們常常說媽咪和爹地這兩個字，她大概還是要到六、七個月大時才會有感覺。當然這也是因為珍妮最常聽到的還是她的名字的關係。何況這個字眼的確只屬於她。然而這意謂著妳可以藉著不斷重複某個字，來訓練珍妮的字彙能力嗎？

媽咪　　媽咪　　媽咪　　媽咪　　媽咪
媽咪　　媽咪　　媽咪　　媽咪

　　嗯，是的，如果妳就是要搞得這麼麻煩的話，那個未出生的法國胎兒的實驗是這麼證實的。不過這麼做並不會幫助珍妮學習說話，或是幫她運用那些特殊技巧去了解上下文中的字義，更無助於她學習如何溝通。珍妮需要的更多。她需要不斷的和妳對話，練習每個技巧。重覆朗誦字詞是幫不上任何忙的。

嬰兒需要妳不斷的和他說話

　　新生兒剖析話語型態和聲音的能力是與生俱來的，放眼世上各種語言皆然。不過技巧雖同，語言相異，因此嬰兒出生後第一年的任務，就是要找出他的母語有何特別，該注意什麼，並詳記於心。這些必須透過不斷的聆聽才能達成目

標。溝通愈多，進步無限。

　　媽媽能輕而易舉的得到寶寶的注意力。還在子宮裡時，他們就已經記住妳在講述「戴著帽子的貓」時的聲調和音韻。儘管妳的聲音在子宮外和在裡面時聽起來有點不同，然而他們就是記得。寶寶是這麼熱愛著妳的聲音，所以在聽到妳的聲音時會狂吸那個通電的人造奶頭。但換成其他女人的聲音時，就不會有同樣的效果。（吸吮的反射動作是從事嬰兒研究的主要實驗。當嬰兒喜歡某件事時，他們會吸奶頭並期望那件事會發生。）寶寶不僅喜歡妳的聲音，他愛妳愛到出生一個星期後就認得妳的臉，而且喜歡盯著妳看，勝過其他所有的人。

嬰兒很在意有沒有讓他們做反應的機會

　　幾乎是打從一出生起，嬰兒就進入對話的準備狀態，而且這項能力在幾個星期內就萌芽開花。妳說話時他們會跟著動，看著妳的臉。當他們再大一點時，大概六週左右吧，聽到妳的聲音，他們就會回報一個燦爛的笑臉。他們會等著妳的反應，並期望妳也對他們這麼做。每當妳的聲音在話語結尾時轉為低沉，他們會認為現在輪到他們了，如果妳沒給他們機會反應，他們會很介意的。剛開始時，他們的回應可能是一個熱切的眼神、一個突然的肢體扯動或是咕噥兩聲。這已經是他們竭盡所能做出來的。寶寶們真的是很認真呢！

　　蘇格蘭的心理學家曾做過一項精彩的研究，證實了嬰兒非常在意他們在節奏之舞裡扮演的角色。科學家們把媽媽與嬰兒對話時的情形錄影，發現嬰兒對母親的聲音及來回移動時的反應真是令人訝異。當母親接近時，嬰兒也會靠過去。嬰兒們的眼睛就像雷達槍一樣，緊緊鎖住母親每個眼神的移動。每當母親看著嬰兒說話時，她就得到一個燦爛的笑臉。當她的聲音往下降及稍作停頓時，嬰兒就會用一聲喔或晃動的小拳頭來填補這個空檔。

　　接下來的某一天，嬰兒們被放到小椅子上，看著母親動作的重播影片。當母親的影像出現，嬰兒們的小臉兒發亮，露出大大的笑容。時間一秒秒過去，嬰兒們會咯咯笑，或咕噥幾聲。然而問題來了，母親的動作不再契合寶寶的反應。寶寶的笑容停滯了，然後慢慢消逝。他睜大眼睛瞪著母親，每次當他想做回應時，母親的回饋及反應的時點，卻與他做的毫無關聯。此時寶寶認真而困惑的眼神逐漸變得黯淡，嘴角也垮了下來，眉頭緊蹙。很快的寶寶就要開始哭鬧，等著大人趕快去安撫了。

　　以上的科學實證，證明了寶寶們介意自己在對談之舞中扮演的角色。這同時也解釋了為什麼有時母親得不到預期的寶寶該有的快樂反應。這裡所傳達的重要訊息是：**觀察寶寶的行為**。

　　出生大約三個月後，寶寶在會話中的反應會變得比較

順，比較一致，而且還多了許多呃、嗚、咕等等。會話的演變從一開始的咿咿呀呀，到單字組成的「電報語言」（省略了助動詞、進行式詞尾、介詞、冠詞，以及複數詞尾等等，只留必要的名詞、動詞及修飾語。）；從語焉不詳的句子到完整的成人式溝通。沒有經歷過這樣輪流的聆聽交談、或是在孩童時代有挫敗經驗的人，都不會有太多的朋友。

大多數母親對這種母子間的對話，都會做出即時且適當的反應，但也有媽媽不清楚寶寶的意圖的。觀察妳的行為，看看自己怎麼做的？妳有給寶寶回應的機會嗎？妳講完話後，有留下一點時間給寶寶嗎？妳有留意寶寶嘗試著要做出回應嗎，即使只是一個拉扯、甚至「哼」一聲？寶寶最喜歡妳直接回應並重複他們對妳說的話，彷彿那些字真的代表了什麼意義似的。「呃！這個咕嚕聲也很可愛啊！」媽媽們很顯然在會話裡得到寶寶的注意力。善用它，千萬別浪費了。

提高妳的聲音，降低其他噪音

寶寶們聆聽妳和其他家人的談話，從這些互動中學習語言。在安靜無干擾的環境裡，寶寶最能集中注意力。事實上，如果週遭環境太吵，他們什麼也聽不到。他們需要工程師口中所謂的很高的「音噪比」，也就是妳的聲音必須清楚地高於背景聲音。嬰兒對背景聲音很敏感，即使是稍大的學

步兒甚至到十歲的兒童也不例外。這也是為何妳的指示會被他們忽略的原因之一吧。

所以妳在和寶寶說話時，應該把電話或收音機關掉。包括電視、收音機和電話。寶寶需要言語的刺激，也需要社交，所以需要和妳、或爹地或兄弟姊妹交談，才能感受到這些對話與他們有關。三歲前的幼兒，沒辦法藉由看電視或「歡樂滿人間（Mary Poppins）」學習語言，也沒辦法從妳在電話裡的談話或與友人下午茶中聽懂什麼。寶寶只有在妳和他們說話時才能從事學習。不過如果妳陪三歲大的幼兒一起看電視，告訴他們劇情在說什麼，以及提醒他們是否注意到某些事情，他們或多或少就可能學到一些東西。

在此我一定要提醒一下，如果白天時妳把寶寶交給托嬰中心，請務必確定嬰兒與工作人員的人數比例是否適合妳寶寶的年紀。明確詢問工作人員花多少時間和寶寶進行一對一的互動及交談。對年幼的嬰兒來說，和人互動是他在清醒時最主要的任務。如果時間許可，建議妳不妨突擊檢查個一、兩次看看。

連結與配合

視覺與動作的配合

這個驚人的語言學習機器，也就是妳的寶寶，其實是

帶著裝設了許多特別玩意兒的百寶箱，來到這個世界。她不僅認得她之前聽過的聲音，譬如說妳的聲音，還能做其他許多看起來根本不可能的事。試試以下這個小實驗。首先吸引到寶寶的注意力，然後把舌頭伸得愈長愈好，然後停在那裡。或是妳不想這樣伸長舌頭對著妳的小寶貝，那就像中了樂透那樣把嘴張得大大的站在那裡。妳的寶寶將會模仿妳。

　　沒人知道嬰兒為什麼會懂得這麼做，但這代表了嬰兒出生後，大腦裏的視覺系統就和控制臉部、舌頭及下巴肌肉的運動神經相互連結。畢竟寶寶看不到自己的臉。再怎麼往下看，她也看不到胖嘟嘟臉頰下的嘴巴，沒辦法檢查自己到底有沒有做對。透過視覺的輸入，妳的動作和她心中的「運動神經圖解」之間，一定有著某種的聯繫。從這裡我們得知當妳說話時，嬰兒會觀察妳嘴型的變化，而這對她之後開始咕噥些咿咿呀呀的話，是非常重要的。所以和妳的寶貝說話時，要看著她說，而且要確定妳在她的焦點範圍內，也就是大約一呎（三十公分）以內。

　　剛出生的嬰兒看到的影像就已經是立體的。但要把細部看得更清晰時，就得靠兩隻眼睛傳送影像到大腦裡。視覺能力在出生約五個月時會迅速進步。這種具體化的敏銳反應幫助我們把牙膏的蓋子蓋上，注意到每片樹葉是在其他葉子的前方還是後面。試試這個實驗。用手把一隻眼睛遮住，就這樣四處走動一會兒。現在把手放下，感受一下有什麼不

同。

　　如果妳寶寶的眼神常常渙散不定（睡眼惺忪），或是某隻眼睛有些呆滯且無法聚焦，而這種狀況又持續很長一段時間，大腦就會接收到這個世界是一片的模糊。到最後這隻眼睛看到的將完全凌駕於另一隻眼睛看到的景物。這個狀況可能很早就發生，所以一定要定期帶寶寶去小兒科驗光師或眼科醫師那裡做檢查。一旦某隻眼睛看到的景像被大腦確定，寶寶從此之後看到的世界，就會變成妳之前遮住一隻眼睛時看到的世界。

　　新生兒的辨色能力還不完全。他們看得到明亮鮮豔的原色，但事實上更偏愛高對比的黑白條紋。不過色彩的辨別能力發展得很早，大概不出幾個月，就幾乎像成人一樣好了。

視覺與聽覺的配合

　　再說到嬰兒協調視覺與聽覺的天賦，則與上述提及的視覺與動作的配合一樣令人稱奇。在一項研究中，實驗人員播放一則短片，短片中的某件物品在固定上下移動的同時，一個喇叭在旁播放碰、碰、碰的聲音，有時與物體移動的韻動相符，有時則不。藉著觀察新生兒吸吮奶嘴的速度反應，實驗人員發現寶寶喜歡物體與聲音相配合時的感覺。就如同我們看到電影台詞沒辦法與明星們嘴型對上時那種怪異的感

覺，嬰兒同樣也覺得很不適應。尤其在播放母親對嘴不符的短片時，寶寶不舒服的感受特別明顯。

聽覺與聽覺的配合

先前我已經描述過母親與陌生人在聲音上的差異，科學家們更進一步探究寶寶到底是怎麼做到的。當然不是因為母親談話的內容，因為新生兒根本聽不懂。事實上母親聲音的特色（音色）、語調的抑揚頓挫（音調轉折）、以及說話時自然而然的語氣重音，這些線索是如此明顯，足以讓新生兒出生幾天後，就能區分出母語與外語在韻律及音調上的不同，尤其在重音型態有顯著差異時，新生兒的區辨能力更強。這也是另一個為何要讓嬰兒聆聽整句話、而非重複單字的重要原因之一。

令人嘖嘖稱奇的語言學習機

工具箱裡的小鑿子

如同我們先前看到的，胎兒能辨別音節互換：從貝比到比貝。更多精確的測試則顯示胎兒出生後能做得更好。就算只有一個音改變，同樣難不倒他們。譬如說他們聽的出 ba 與 pa 的不同。這些前衛的研究起始於一九七一年，科學家們把整本音標簿都用上了，嘗試各種不同的母音和子音

的簡單組合與排列，來研究哪些是嬰兒可以及無法辨識的。

科學家們首先訓練嬰兒聆聽某個音節：ba－ba－ba－ba，直到嬰兒聽到煩了，停止吸吮人造奶嘴。然後一個新的聲音出現：pa－pa－pa－pa，大家屏息以待，等著看嬰兒是否會注意到這個差別，重新開始玩這個遊戲（吸吮奶嘴）。結果嬰兒果然每次都注意到了。

實驗證明嬰兒們對辨音很在行。他們能從「聲音」中辨認出不同的子音。ba與pa只有一點不同：在發ba這個音時，聲帶是立即震動的；但在發pa這個音時，聲帶的震動晚了千分之四十秒。新生兒能輕易分辨各子音間的差異，無論是因為發音位置的不同（ba與pa－ba的發音位置是嘴唇，pa則是舌頭後端）、鼻子閉氣與否（ma和wa）、氣流是否中止（ba和za）以及其他種種語言學家進行測試的組合。而且這些子音不見得一定要是一個音節的第一個音。就算子音出現在字尾（ap和ab），對新生兒也不是問題，母音也是一樣的情況。

為什麼中國寶寶就是能學會中文

到目前為止，我們知道英語系的寶寶打出生起就會分辨英文字音。從一些在巴黎做的先進研究顯示，法國寶寶同樣能分辨法文。喔，或許你會說，這一點也不稀奇啊，畢竟寶寶已經在母親子宮裡聽了三個月，而這段期間足以讓寶寶

熟悉英語裡四十個左右的音。如果學習是熟悉語言的關鍵，那寶寶們對不存在於母語的外語將會一籌莫展。因為每種語言都有某些獨特的字音，沒有一種是囊括所有字音的。

如果知道新生兒出生一週內就能分辨世界上每一種語言間的差異，不管那些語言有多特別，所有人一定都會覺得很驚訝吧。科學家的作法是先用嬰兒的母語進行測試，然後再用外語。於是他們先選擇歐洲的語言，然後再用印度話或日語，甚至用祖魯語和尼拉卡匹斯（源自太平洋西北部的一種印度語）來做對照。嬰兒們聆聽奇特如祖魯語的中或側吸氣音，以及衣索比亞語的外爆音。結果是不管他們是來自何方、先前接觸哪種母語，他們都一一搞定了這些實驗。

所以啦，難怪中國寶寶就是會中文，印度寶寶會印度話，南非寶寶就是懂得祖魯語！寶寶們天生就懂得去學習各種現存或曾經存在的語言。這是否表示在他們的小腦袋裡，有個「特殊語言處理模組」呢？很多人這麼想，也有很多人不以為然。稍後我們會就這個部份做更進一步的細談。

在此同時，有件事其實不太對勁。不管我們腦子裡是否有內建的語言處理機，還是有個非常敏感的聽覺系統，使我們能分析世上所有語言的聲音，照理說，這種機能我們應該是一輩子都擁有才對吧。成人也應該像嬰兒一樣，可以輕易分辨出外語的不同。但事實證明了成年人在這方面的表現是十足十的蠢。如果嬰兒是專家，成人是笨蛋，那我們是何

時開始變笨的呢？這可要好好算算：回到十歲（笨蛋），回到四歲（笨蛋），兩歲（笨蛋），一歲（笨蛋），六個月（專家），然後我們把時間調到出生九個月（專家）。現在我們知道嬰兒這種分辨外語異音的特異功能在出生後將近一年時，會逐漸減退。大概在一歲時，這項技能就會完全蒸發不見。

　　或者還是存在？新生兒對辨音的敏感度是研究中最常見的發現之一。幾乎所有研究都顯示嬰兒們具有這種天賦，而且這項技能在十二個月時就會消失。不過這並不合理，為什麼，因為就如所有人都很清楚的，大部分兩歲、五歲直到八歲的小孩在學習外國語言時，都能達到說話不帶一絲口音的境界。如果真如前述所言，他們對外語中的非母語音早就處於「失聰」狀態，怎麼可能把外語學好？常識告訴我們，如果我們喪失了分辨世上所有語言字音的能力，我們就永遠無法學會第二種語言，除非打從嬰兒出生起的第一年內，你就開始教他。而若從國外領養來的小孩，在一歲後就再也學不會新的語言了。

　　我們現有來解釋這個矛盾的假設理論如下：當嬰兒聽到母語的機會愈頻繁時，理解外來音的能力就退到「潛意識」裡了。這個原因即在於嬰兒的任務是將注意力及記憶只集中在需要注意的聲音上，這樣她才能學會怎麼發音。不過此時聽力技能並未完全喪失，只是因為缺乏練習機會，才隨

著時間流逝逐漸消失，變得愈來愈難以挽回。所以愈早教導第二種語文，學習成效愈好，因為這是種不用就沒了的技能。不過話說回來，上述陳述其實是發明一個故事來解釋已知的資料，不證明、也沒有解釋什麼。什麼叫「退回潛意識」？這種天賦又真的有必要退到潛意識裡嗎？為什麼我們不能終其一生都擁有這種天資呢？現在，你的揣測已經和大家一樣好了。

為什麼頭腦會分類

這是另一個謎。四十年前研究人員就已經知道成人擁有分類的認知能力。請想像電腦程式把一組子音及母音序列逐漸轉換成另一序列，從ba慢慢轉變成pa。電腦會儲存ba和pa的聲音紀錄，然後進行轉換，慢慢的兩組音互相轉變成對方。人類聽得到這個從ba逐漸轉成pa的過程嗎？一輩子都別想。我們只聽到ba或pa。當嬰兒成為實驗對象時，他們的反應和大人一樣，聽到的是ba—ba—ba—ba，然後突然變成pa—pa—pa—pa，而非一系列不同的ba轉成一系列不同的pa。與ba相近的音在嬰兒耳中聽到的是一個清晰的ba，接近pa的音則會被當成一個清晰的pa。我們的腦袋堅持把這些聲音分成兩大類，就兩大類（分類的認知能力在分辨子音時最明顯，但母音部分則相對較弱）。成人與嬰兒之間唯一的不同是嬰兒對所有語言都有這種分辨字音的能力。但成人卻是連

哪個音是哪個都分不清楚。

　　所以很明顯的，分類認知能力並非如一般人所認為的需要長時間聆聽對話才能養成。這項能力其實是與生俱來，與協助該物種使用其語言息息相關。再仔細想想，你就會知道這挺有道理的。語言就算再怎麼經過扭曲，我們還是聽得出這些談話的內容。不管人們說話快或慢，大聲或細語，無論是男人、女人還是小孩，甚至是不同的方言（只要不是天差地遠的那種），我們都能聽得出對方在說什麼。任何來自遠方聽起來像 b 的音會被當成就是 b，或就如同初生兒，遠處聽起來像衣索比亞的半爆音，會被初生兒當成就是半爆音一樣。無論存在於腦袋裡的是哪種，都是個很遜的調音器系統，和精準校音的小提琴恰成反比。所以只要「似 b」聽起來像 b，我們就已經滿足了。這也是為何電腦語音辨識系統表現如此差勁的原因。因為電腦要求的是精準：一個特定的聲音，譬如是一組緩慢且清晰的特定的字。然而嬰兒和我們並不需要如此精確。對於任何人談話的內容，我們都沒有理解上的問題。

　　科學家們面對這些嬰兒實驗的結果只有搔頭苦思的份。就算頭腦裡真有某種程式存在，能讓嬰兒在辨識語言聲音時表現比成人更好，在分類認知上的表現和成人一樣優異，那又有誰能告訴我們，這到底是個怎樣的程式呢？這個議題是非常有爭議性的。或許這是源於我們擁有一個相當優

異的聽覺系統，不單對語言，而是對世上各種聲音都有相當的敏感度。這個論點透過調整音樂中音調和節奏的研究裡獲得了支持。嬰兒和那些沒有受過樂理訓練的成人一樣，可以對音樂的變化做出良好的判斷。其他的支持理論則來自對動物的研究。猴子、南美毛絲鼠、甚至是日本的鵪鶉，都能分辨出如ba和pa等簡單的音節。更令人訝異的是牠們的分類能力和我們人類很類似。兩者間的大差異則在於動物往往必須透過數以百千次的測試才能得到相同的結果，而嬰兒只需幾分鐘就能做出正確的反應。

與上述論點相反的理論，則認為我們擁有一個特殊的語言處理模組—這個隱身在腦中的模組只負責處理語言這項單一功能，而且只存在於人腦（非其他生物腦內）的左半腦。這個處理器的神經元只對說話的聲音有反應。這是一種獨特的腦部處理器，引導新生兒的注意力到我們對話的特定形式，進而協助嬰兒對語言有更進一步的認識。當然這個處理器也包含了文法學習的功能。

當然，以上這些論點需要花上一些時間來釐清的。

需要花時間不斷練習才能上手的工具

隨節奏而舞

並非所有東西都是唾手可得的，寶寶們仍要做許多努

力。雖然有絕佳的開始，但他們更需面對如何辨字以及把某字從文字洪流中找出的神聖使命。到目前為止，我提過在高度控制的實驗裡，我們得知嬰兒對一次聽一種聲音或音節真的很在行。不過對他們而言，只做到如此是絕對不夠的。

　　語言中的重音模式是嬰兒解文析字的法寶之一。在說話時強調這些重音，將有助於增強寶寶的認字能力。寶寶們在子宮裡聽到並記住妳說話的韻律與腔調，但他們需要大量接觸特定的語言，才能發現該語文的精確重音模式。六個月左右的胎兒已經是分辨重音及聲調抑揚變化的專家。語調的抑揚頓挫指的就是我們在表達語句時的停頓、疑問或等候他人發言時的音調高低的運用。我們通常會在一句話中最重要的字上加重音調（或是說得大聲點、慢一點）去強調這個字義。譬如「你今天去哪裡？」意指你不應該出去的，可是你還是出門了，而且沒告訴任何人你要出門。「你今天去了哪裡？」指的是所有人都知道你去了某處，譬如說去了某家店，但問話的人要知道你到底是去了哪裡。「你今天去哪兒了？」問的是你今天去哪裡，而不是問昨天或是上星期。

使出渾身解數

　　在六到九個月之間，嬰兒使出渾身解數，招數盡出。他們全力感受語言的韻律、聲調的抑揚變化，以及對重音模式的全新了解，來判斷哪些可能是生字。他們從字的結構去

判別。每種語言都有其獨特的音節架構。這表示某些聲音在某一字序上是「合法的」，但在另一組字序上則否。某些子音可以自成一族，某些則不行。某個合理的音節架構可能在該語言裡根本不是個有意義的字。

　　靠著妳幫個小忙，嬰兒們就可以贏在起跑點。一項研究指出八個月大的嬰兒只要重複聽上某個字幾次，就可以從故事中找出那個字。就算情況反過來也沒問題。如果某個字重複在故事中出現，嬰兒們也能夠在一堆字中把那個字認出來。不過請謹記這純粹是認字實驗，與了解字義或文字代表之涵義毫不相干。

　　雖說是全心全意，嬰兒們其實是在不自覺的狀況下使用了上述的技巧。他們並沒有想著說，今天，我就是要花點時間來做辨字這件事。這些技巧自動啟用，就像你插電使用吸塵器一樣的機械化。哪裡髒，你就吸哪裡。吸塵器「就是用來」吸地上的灰塵。嬰兒天生就是要注意著我們的一舉一動、以及說了些什麼。他們沒辦法不如此，因為他們生下來就註定要這麼做的。所以你只須開口說話，就能得到嬰兒的注意力，打開嬰兒的語言開關。你只要持續說話就能吸引嬰兒的注意，當然同時，別忘了也讓寶寶們有反應參與的機會。

　　在人腦及動物腦中的知覺系統的運作，遵循著一個簡單的原則：他們會自動從複雜的背景環境中，摘錄出「重覆

的型態」。我所指的「型態」，就是結構。記憶的軌跡啟動後，隨著每次的重複而更加深刻。發生次數愈多，就愈容易記憶。某一型態可存在於許多場景中，出現愈多次，印象愈深刻。你可以認出雜貨店裡的西維斯特先生，只要看到他，你就會認出是他。不管當時他正看著你、看向窗外、或站在人行道上。在施放煙火的公園裡，你也認得出是他。就算可能要花點時間，你才想起曾在哪裡見過他、他是誰或他叫什麼名字。這是因為腦中的檔案存的不只是型態（西維斯特先生的臉），還有其背景環境（雜貨店）。

　　知覺系統從事件中截取常規。嬰兒的腦袋就是如此運作。他們聽到我們說話，在不需我們幫忙的情況下，頭腦很輕鬆的分辨出會話中的既定模式。不過話說回來，嬰兒必須在某些協助下，才能啟動他們的知覺系統。為了發展嬰兒的辨字能力，必須要有人在旁協助集中他的注意力（妳的臉、聲音或是其他人的），以及數百小時的對話。只有如此，知覺系統才會作用。這是沒有捷徑的。

字的物語

牙牙學語

　　當嬰兒全神貫注的聽著我們說話時，她同時也超時加班，努力想著該如何自己說出口。大約在七、八個月左右，

牙牙學語開始了。首先出現的是著名的子及母音節的重覆：ba—ba—ba—ba，然後隨著時間愈久，說出口的變化愈多，如ba—ma—ba，ta—ta—pa。語言學家曾以為舉凡使用世上各語言的嬰兒，都會如此咿咿呀呀，但事實證明並非如此。牙牙學語包括聲音、重音模式以及抑揚頓挫。這表示聆聽談話是啟動學習的關鍵因素。小寶寶可能噴噴作響，發出令人難以想像的噪音，甚至咕嚕嚕叫和尖叫一起來，但這些都不算是牙牙學語。牙牙學語是一種有意識且可以控制的母語的學習，是寶寶想開口說話的證據。他們就是想做你正在做的事。經由這樣的努力，寶寶學會了說話。大多數（但不是全部）的寶寶開口說第一個字的時間大概是在一歲的時候。

如果牙牙學語的啟迪是靠著聆聽我們的談話，那些天生聽障的寶寶又怎麼辦呢？專家學者曾經認為牙牙學語是「舉世皆然的言語技能」，不管有沒有外力刺激，嬰兒都會自動啟動學習機制。但這不是真的。聽障寶寶是會牙牙學語，但他們開始得晚，大約在十一到二十五個月間。他們發出的聲音很有限，有些發音在他們的母語中並不存在。這是因為他們在發音時無法聽到自己在說什麼（沒有聽覺回饋）。這樣的牙牙學語無法持久。然而，聽障寶寶可以透過姿勢和手勢達到「學語」的目的。所以即使聽障寶寶一人獨自在搖籃裡，我們可以看到她用手勢「牙牙學語」。這是為什麼一些專家認為讓聽障寶寶愈早學手語愈好的原因之一。

了解這個字的意思

　　稍早我們看到小珍妮四個半月大時就能認出自己的名字。但她其實不知道珍妮就是她的名字，甚至，她根本不知道珍妮是個名字。她常聽到這個字，而且說話的人都用一種很溫馨的語氣來說。這個字聽起來很熟悉，所以腦袋會自動把這個語音從會話中挑出，記錄並存檔。但是讓嬰兒了解某個字代表某物、某人或某個事件，又是另外一回事。把聲音與東西相連結是一個重大的里程碑，因為這是進行符號推理的第一道曙光。一組無意義的雜音也可以代表某樣真實的東西。一定要等到牙牙學語這個階段，理解力才會開始形成。所以牙牙學語算是小孩準備把聲音與真實物件連結在一起的測試。

　　直到近年，研究人員相信嬰兒大約九個月大時，才會把聲音和物品做連結。一九九九年時，時間被提早到六個月。在這項研究中，嬰兒坐在母親腿上，看著爸媽稍早時拍攝的看電影的錄影畫面。嬰兒看了一陣子後，一個中性的聲音會開始說媽咪或爹地。嬰兒在聽到稱謂符合影像時，就會特別專注在畫面上。當爸媽的影像由一組陌生男女取代時，嬰兒就不會有以上這樣的表現。換言之，六歲大的寶寶知道有特定的名字代表爸媽，而非泛指其他男女。

讓嬰兒的牙牙學語有意義

　　妳可以藉由肯定寶寶的牙牙學語代表的意義，來加速他學習語言的過程。所謂的「有代表意義」望言生意，就是把說話的聲音與看到、感覺到或經歷到的東西連結起來。如果寶寶說，媽─媽─媽─媽，妳可以給她一個大大的微笑，把她抱起來，看著她的眼睛，拍拍妳自己，然後握起她的手放到妳臉上，告訴她，「對啊！我是媽媽，」重覆這樣幾次。如果寶寶說，爹─爹─爹─爹，在她拍拍爹地的同時妳告訴她，「這就是爹地，」重覆這樣幾次。妳的神情愈熱切愈好。也就是說，認可她對講話的努力，就如同她真的說出某些字一樣，就算噓聲也當成真有其字。然而你必須確保聲音與字義的連結是有關聯的，可別把嘎─嘎─嘎的音和迷你獅子犬連在一起。還要有一致性，妳在星期二確認的學語，在星期四也要代表同樣的人、事或物。重複是所有學習的關鍵。在此我必須聲明，絕大多數的母親們都做到了我剛才所敘述的。

　　環境背景和情緒是累積字彙的兩項重要因素。興奮、有趣、舒服等都是寶寶們想要記住並說出口的感覺。當小艾力克斯說wa─wa─wa─wa時，妳帶著他舞下樓進入洗衣間，拍著洗衣機對他說，「Wa─wa─wa─waaaah-shing（washing洗衣）」，所能表達的意義可能並不大。當然艾力克斯可能會對洗衣機感興趣，尤其如果洗衣機當時正在運

作地颼颼作響時。

其實比較安全的選擇是注意週遭環境，看看是否能和當時妳正在做的事情連接起來。如果妳在廚房裡，當時天正熱，寶寶在高腳椅上吃午餐，妳可以把wa—wa—wa和轉開水龍頭倒杯水給她這個動作連結起來，開心的對她說幾次，waaaah-ter（water水）。如果寶寶每次發出wa—wa—wa的聲音就會得到一杯水，他就會了解如何用字彙去掌握情勢，造成某種特定的結果。wa—wa—wa也可以代表其他不同的意思。它可能是個宣告，代表寶寶藉由扶著茶几而站起來。妳也可以這麼說，「噢，看看你」（很熟悉的詞吧），「堤米在waaaah-king （walking走路）喔」。當妳把聲音與意思連結的同時，切記對寶寶而言，這些意義代表的可能是一整個事件：媽媽倒一杯水這項行為；在客廳裡藉著那個茶几，使自己從坐姿轉成站立的動作（而且這些動作可以重覆做！）。

嬰兒懂的比說出口的還多

嬰兒經驗裡的情緒層面，也就是那些與人事物連結的感覺，是決定他認識哪些字的主要原因。好幾項研究調查試著想找出在嬰兒開口前，到底是什麼時候就已經認得哪些字。九或十個月大的嬰兒就能讓你了解他們已經懂得很多。他們知道家中每個人的名字，甚至連狗狗貓貓的也記得。他

們也知道愛吃的食物名稱（果汁，餅乾），喜歡的玩具以及衣服的款式。鞋子在嬰兒心中甚至有著某種特殊的地位。

嬰兒們也知道一些平常的事情、習慣和遊戲名稱（這些事情經常發生，有過程有目的）。他們認得如午餐、洗澡、再見、床和躲貓貓（喊著 "peekaboo" 並反覆遮臉又露臉的逗小孩遊戲）等字眼。這些字代表的意義在嬰兒心中非常廣泛。「事件字彙」代表的是一整齣戲碼。對寶寶而言，洗澡的意思是：(1)跟著媽媽或爸爸，(2)看著浴缸加滿水，(3)衣服脫掉了，(4)被放到浴缸裡，(5)玩水、玩玩具，(6)被抹上肥皂，(7)沖掉肥皂，(8)擦乾身體，擦爽身粉，包好尿布，(9)穿上睡衣。接下來的動作，上床睡覺，可能就被當成是附加在洗澡之後的行為了。床這個字，則可能從睡衣部份開始，包括了被放到床上，聽故事，裹好被子，擁抱和親吻，爸爸媽媽消失，小夜燈可能開或不開。你可以觀察一下當你說這些事件字彙時，你的寶寶的第一個反應是什麼。

九個月大的寶寶雖然還不會說話，但他們超級努力的想和你溝通。他們會咿咿呀呀的不知道在說什麼，對著他們想要的東西的方向猛瞧。如果是九到十二個月大的寶寶，很多可能已經會指東指西了，那他們就會指著想要的東西。換言之，寶寶會提出要求了。他們不想某些事發生時，也會很清楚的讓你知道。他們會搖頭，轉過身，有些寶寶甚至可以含含糊糊的說出個不字。

　　母親們在詮釋寶寶的溝通企圖上，到底有多厲害呢？研究顯示母親們是非常努力的：「你要喝點牛奶嗎？要餅乾嗎？果汁呢？吞下去好不好啊？」母親們每猜錯一次，就可能得到一次皺眉，一個搖頭，或一個不字。然後嬰兒們會更努力的伸長了手，指得更用力，說得更大聲。一般而言，母親們第一次就猜對的比率大概就有一半。不過媽媽和寶寶並不放棄，因此到最後的失敗率僅有5%。就算嬰兒們想要的東西讓人丈二摸不著頭腦，媽媽們還是會繼續努力直到成功為止。在某個觀察研究裡，嬰兒想要的東西竟然是個放在廚房料理台上一堆食物、盤子以及器皿之間的洗澡海綿。

　　寶寶們很不擅於表達自己在想什麼，但他們卻很厲害，知道你在跟他們說什麼。當爹地說，「你要喝牛奶嗎？」寶寶很清楚知道爹地在說什麼，所以會點頭，或是搖頭，或是懊惱的皺眉頭。在一項大型研究裡，上千個母親被要求從一串長長的常用字表中，找出她的寶寶認得的字彙。父母的報告與寶寶實際的程度經過詳細檢測，確保母親的預估結果正確無誤。研究發現十個月大的嬰兒已經能認得大約四十個字，這實在蠻令人驚訝的。不過識字最少的10%的小孩只認得十一個字，而識字最多的10%的小孩認得高達一五四個字，這其中的差距真是相當的大。十六個月大的寶寶面對同樣的測驗時，兩個群組間的識字數量的差異就更擴大了，這顯示了原先落後的孩子並沒能迎頭趕上。在這

個年紀，平均識字數為一六九個字，最低的10%的孩子認得九十二個字，最高的10%的孩子則認得三二一個字。如果患有慢性中耳炎及發展遲緩兒童不算在內，造成這種差異的原因之一，與兒童接收到的語言的質和量有關。 當然，**寶寶們學習的對象並非只有媽媽而已**；還包括了爸爸，祖父母，哥哥姐姐，甚至是一個細心的褓姆，對寶寶的學習也有一定的影響力。

要認得多少字才夠呢？

為什麼有些嬰兒懂的字就是比其他嬰兒多呢？部份原因很簡單，只因為嬰兒在語言的發展上天生就是有別，父母有沒有認真教其實沒什麼影響。尤其在說出認識字彙的測驗中，這個差異顯得特別明顯。在下一章內我會仔細探討這個議題。

除了天賦不同外，我們當然有更多地方可以努力。哈特和萊司利曾進行了一項了不起的研究。他們尋求在「搶得先機」計畫中登記的孩童一起合作。這是一個由政府贊助的計畫，這些學齡前兒童都來自於貧苦及有其他困難的家庭。哈特和萊司利很快就因為孩子們遲遲無法在語言學習上有顯著進步而感到沮喪。他們認為問題一定在孩子更小的時候就已經發生了。

因此他們決定研究孩子年紀更小時與父母間的互動。

他們找了有年紀在九個月到三歲大的孩子的家庭，每個月錄影這些家庭一個小時。到最後，總共有四十二個小孩和他們家人完成了這項實驗。十三個家庭來自上流社會，在實驗中被定義為專家組。二十三個家庭是中產階級，六個家庭則靠著社會福利度日。實驗重心放在孩子說話時使用字彙的能力，以及父母（通常是母親）對孩子的說話方式。

父母的談話以每小時講多少字來記錄，包括計算用了多少名詞、形容詞、過去式動、以及"何……"（wh）開頭的問句。哈特和萊司利也把母親與小孩互動時的不同型態加以分類。他們計算母親們下命令（要求）的次數，贊同和不認同的敘述以及正向與負面的回饋等等。在最後的分析中，這些測量標準被分成六大類：

1. 用語多樣性：使用不同的名詞和修飾語的數目。

2. 正向回應的語氣：重述、延伸、擴大、確認、讚美、同意。

3. 負面回應的語氣：命令的、禁止的、不確定的、批評、貶低。

4. 象徵性的強調：藉由名詞、修飾語及使用過去式動詞多寡的豐富性，得知父母在把物品與事件做連結時的具體化程度。

5. 引導模式：提出邀請的次數（我們可以……？）除以命令口吻的次數（不行）。

6. 反應：反應認同孩子的次數（噢，你要媽咪拿這個
   球。）除以挑釁口吻的次數（你怎麼不去玩你的積
   木？）

實驗證明了單單只是母親對孩子的對話內容，在上流、中產及社福組之間就有極大的差異。這些十三個月到三歲大的孩子們每小時所聽到的字彙，專家組的媽媽平均說了超過兩千個字，中產階級的媽媽說了一二五〇個字，而社福組的媽媽只說了六一六個字。即使社福媽媽們花上更多時間與小孩共處，結果仍是沒變。

隨著孩子年紀不同，差異就更大。專家組的母親們不僅常對寶寶說話（九到十二個月的寶寶一個小時聽到一五〇個字），隨著孩子長大到兩歲半時，每小時母親會用到二五〇〇個字。中產階級的媽媽整體而言用的字較少，尤其一開始用的相對較少，就算之後增加的也很有限（一〇〇〇到一五〇〇個字）。而社福媽媽們用的字彙則幾乎沒什麼增加（六〇〇到七五〇個字）。根據以上這些數據，我們可以推測孩子到三歲時，專家組的孩子能聽到三千三百萬個字，中產階級的小孩聽到兩千萬字，而社福家庭的孩子只聽到九百萬個字。

但光這樣還不足以顯示這之間的差異有多大。這三個組的媽媽和她們孩子互動的模式是相當不同的。專家組的媽媽使用更豐富的口語詞彙，與孩子的互動相對正面，其次數

是中產階級媽媽的兩倍，是社福媽媽的五倍之多。她們很少給小孩負面的回饋，對小孩幾乎有問必答，也很少頤指氣使。中產階級的父母們在正向回饋部分比起專家組的父母就稍微少了些。社福組的媽媽與小孩的言語溝通，則呈現了不同的形式。約有80%的回應是負面且禁制的（不可以。我是怎麼告訴你的？你敢不給我放回去看看！我說不准！）她們常常輕蔑或貶低她們的孩子，罵他們是笨蛋或白癡，鮮少給予鼓勵，甚至乾脆漠視不理。但這不代表社福家庭的媽媽很殘忍或不愛自己的小孩。她們和專家及中產階級的媽媽們一樣的慈愛。

孩子的字彙發展能力和他們聽到的字彙數量有絕對的關聯。生長在專家組家庭的三歲孩童平均能說出的字彙是一千一百一十五個字（真的數過）；中產階級家庭的小孩是七五〇個字，社福家庭的孩子則是五二五個字。雖然中產階級家庭和社福家庭的孩子的識字數差距不大，但智商上三組孩子則有著極大的不同，平均智商分別是一一七，一〇七和七九（平均智商一〇〇）。

不過這項研究有個問題。我們無法知道上述結果與母親（和父親）的語言智商的關聯性有多高。即使環境因素相當重要，但語言能力與遺傳絕對有很大的關係。如果專家組的母親有較高的語言智商，意即她們可能善於用語言來表達意思，說的話多，使用比較複雜的字彙，對母子間的互動相

當敏銳（或可說是更有「智慧」的去處理）。我這麼說是有證據的。從遺傳學的觀點來看，母親的字彙能力與孩子實際（記錄）的字彙能力和智商有非常正面的關聯。

不過遺傳並非一切。哈特和萊司利發現比父母的字彙能力更為重要的，是親子間互動型態的品質和特色。之前所提到六種的父母溝通型態，可以準確預測孩子的字彙能力，智商分數以及語言測試表現。不僅如此，甚至就算孩子長大到九歲了，一樣也可以透過父母的溝通模式來預測孩子的語言技巧。

雖然母親的溝通模式與其語言智商多少有些相關，但是我們可以著重在母親溝通模式對小孩語言發展這塊上。沒理由父母們不能去學怎樣對孩子的發展最好！方法如下：

1. 父母口語字彙的數量（每小時的字數）能預測孩子未來的口語能力。這是個很簡單的數字遊戲：妳說得愈多，小孩就學得愈多。

2. 比起社會階級的影響，溝通的品質（豐富性，孩子得到的回饋形式）顯得更能預測孩子在語言上的發展。研究資料中顯示出母親與小孩間的互動遠比小孩出生在哪種社會階級的家庭更重要。這代表孩子用詞遣字的能力來自妳使用語言的豐富性以及與孩子互動的敏感度。

3. 以下五種溝通型態已被證實能夠有效增進語言技巧，直

到孩子九歲大都適用。在此以重要程度的順序分述如下：

引導模式：溫柔的提出邀請，進行正向溝通。避免禁制語氣。

象徵性的強調：把字彙、物品及其他字彙連結。

回應的語氣：正向回應很好；負面回饋很糟。

用語多樣性：儘可能使用不同的名詞、動詞和形容詞。

反應：聆聽。順著孩子的引導。不要叫東指西的。

溝通失敗時：必須避免的行為

某些短期研究顯示，基本上大部份的母親都能對孩子生澀的溝通做出相當適切的回應。不過某些互動模式也揭露了一些會破壞、甚至讓溝通意願消失的原因。

1. 不理會或沒有用心注意孩子的狀況。這類型的母親可能因為沮喪、疲憊或憂心，或是自私、冷淡，而顯得總是「心不在焉」。在此「不理會」不表示疏忽。母親還是會滿足孩子的基本需求。

2. 主導親子互動，顯得相當強勢。這種母親要小孩照她的意思做，而不管孩子自己想做什麼。她總是會

出面拿走這個玩具、換成另一個，以她的意見為意見。當孩子有所反應時，她就做出另一種反應。從孩子的角度來看，這個媽媽並沒給他有回應的機會、或者說根本就不尊重他。到最後只造成親子間無法溝通、一起嬉戲的後果。

3. 下達過多的禁令。不要！不准！小心！別弄壞了！這樣只會讓嬰兒知道什麼不能做，卻無法教他們可以做什麼。禁令會妨礙行動與溝通。其實禁令本身不是問題（所有的母親都有責任警告孩子可能會碰到哪些危險）。如同哈特和萊司利在觀察中的發現，禁令的次數和負面的程度才是問題所在。過多的禁令和缺乏正面回饋這兩個特性常常同時出現。因此這些嬰兒們很少聽到喜悅的讚美如：多好啊！你好聰明喔！你這個可愛的小甜心！對孩子們來說，還真是雙重打擊呢！

4. 未能使較安靜被動的孩子參與對話或活動。因為太無聊而做白日夢或打瞌睡的嬰兒是學不到什麼的。這種狀況常見於那些把寶寶長時間「放在」搖籃裡，而自顧自做其他事情的父母身上。那些天生逆來順受或被動的嬰兒特別容易得到這種待遇。然而不正是這樣的孩子，才更是忽略不得的嗎？老實說，那些新式的搖籃或小床，漂亮歸漂亮（還叮叮噹噹的

有點吵），但設計上卻相當限制嬰兒們的行動。相形之下，讓嬰兒可在其中玩樂的老式木製遊戲圍欄，顯得好用多了。這些遊戲圍欄空間夠大，足以讓寶寶們爬過來又翻過去。寶寶可以扶著木製的柵欄站起來，而上面的扶手在走路時很好扶。各種年齡的嬰兒都需要能夠自由活動，好練習精細動作和大動作的技巧。

在以上的研究中，十三個月大嬰兒的測試結果就已經很清楚。得到母親適當反應的嬰兒認識更多的字彙。符合以上一到兩種溝通型態的母親，小孩的字彙能力就比一般孩子要差了。

父母的學習指南

留意你的溝通模式

如前所述，在學習語言的過程中，小孩所聽到的談話的多寡、與父母互動的品質、父母詮釋孩子需求的敏銳及努力程度等等，每項都相當重要。這裡有些不錯的建議，能幫助你在孩子生命的第一年裡，與他或她進行最有意義的互動。

父母們應該善用哈特和萊司利的重要發現。嬰兒們需要父母同時運用前述五種溝通方法，對他們進行猛烈密集的

言語攻勢。對於某些父母，這可能有點強人所難；但其他父母或許早就已經這麼做了。我對大家的建議是，請花上大約一個禮拜時間觀察你們和孩子之間的口語互動，隨著孩子的成長，三不五時的持續這樣的觀察。其實我們常常對自己做了些什麼渾然不覺，所以請提醒自己一定要專注觀察。我相信有些人一定表現優異，不過大多數的父母們需要一些調整。而其他，尤其是那些正使用錯誤的溝通方式以及有個好動難搞的孩子的父母，或許就需要大改造了。你們一定很難想像父母教養的方式對孩子的心智和行為，能造成多大的影響。

以下有些技巧，能協助妳如何有效檢視自己的溝通模式。當寶寶睡完午覺醒來，觀察妳做了什麼。妳會給他一個擁抱，換掉他的尿布及衣服，但全程不發一語？（我就有看過這麼做的媽媽們。）還是妳會趁此機會和他進行一些基本對話─譬如說：

「噢，堤米醒啦！午覺睡得好嗎？要不要起來和媽咪（或爹地）一起玩啊？」【等待眼神接觸。給寶寶機會回答妳的問題，即便他只能用表情說好。】「喔，你想啊！好啊，看看媽咪是不是可以把堤米抱起來。噢、我的天啊，堤米真是個又大又壯的寶寶啊。」

「哈囉，小堤米，對媽咪說聲嗨吧？你會說嗨嗎？」【等待】「你是不是還想睡啊？」【等待】「讓我們看看，是不是該換尿布啦？噢喔，堤米該換尿片了。媽咪要把你放下來喔，好嗎？這樣子還可以吧？」【等待】「讓我們把這個濕濕的尿片拿掉，好不好啊？」【等待】「媽咪會讓堤米覺得乾爽又舒服喔！」

我想妳已經了解怎麼做了。妳可以暢談任何妳覺得適合的字詞。重點是繼續說下去。把他抱起來的時候要說，檢查和換尿布時要說，穿衣服，離開房間到任何地方都要說話。記得隨時保持眼神的交流，別忘了等待寶寶的回應。不管是哪種形式的認同，都算是一種回應。

發展良好的引導模式

想運用哈特和萊司利的五項重要模式，當然比一般的聊天要困難許多。如果一次只專注在一種模式上，應該就簡單多了。找時間和寶寶一起玩，最好是她坐在玩具堆裡（選擇性多），可以伸手、爬行或站起來去拿到玩具。從最重要的模式開始，意即根據研究顯示為預測幼兒口語能力的最佳指標：引導模式。

一個良好的引導模式精髓在於低調及順性而為，在此

同時，並鼓勵寶寶進入狀況。妳也不想讓寶寶坐在那裡呆呆看著天花板吧。控制性強的媽媽（或爸爸）要寶寶玩她所選擇的東西。就算寶寶不想玩某個玩具或某種活動，母親還是很堅持己意。另一種變形的控制是拿走寶寶想玩的玩具，換成妳想要他玩的：不，讓我們玩這個吧。媽咪希望你玩這個東西。

　　我曾經觀察過一位奶奶和她兩歲的小孫子一起玩的情形。她就是很典型的控制型父母。孩子每次選中的玩具都被她拿走，換成她選的。當小孩不想要她點名的玩具時，奶奶還是堅持要小孩子一定要玩那個玩具：不行，我們現在就是要玩這個。當小孩子堅持不要那個玩具，甚至要開始哭鬧了，奶奶就會拿起另一個玩具說：那這個好了，我們來玩這個。奶奶教你這要怎麼玩喔。此時奶奶用的是命令式語氣，兩人間的互動顯得很無厘頭。整個過程大概有三十分鐘吧。我想父母們應該可以儘量避免孩子和這樣的祖父母（或褓姆）相處太久。如果妳發現自己會這麼做，請趕快改過來。

　　觀察自己的所作所為。讓寶寶選擇自己的玩具，並談論這個玩具：噢，你要小青蛙啊。教寶寶不同的玩法，譬如說跳躍或是跳舞啦，示範如何讓青蛙呱呱叫。看，按肚皮這裡，像這樣按。聽青蛙發出的叫聲。聽牠呱、呱、呱？把青蛙拿給孩子後，伸出手並問她：把青蛙給媽咪好嗎？然後讓青蛙做出跳躍的動作，讓青蛙呱呱叫，再還給孩子。給你，

換你讓青蛙跳了。

　　如果妳的寶寶只是坐在那裡，妳就遞個玩具過去。告訴她玩具怎麼玩，**讓遊戲變得更有趣**。

> 看，媽咪可以讓車車動喔。妳也可以嗎？像這
> 樣，拉這條繩子。看媽咪是怎麼做的喔。來，換
> 妳了。好孩子！好聰明的小女生啊！

　　玩具本身不必多特別。任何只要是小孩可以握住或可移動的東西，只要不具危險性，都可以當成玩具。這其中廣受大家喜愛的一種遊戲，就是拿木湯匙敲鍋子了。孩子可以從這個遊戲中學習握緊物品，把一樣東西移動到另一樣東西上面敲打發出聲響。妳還可以和孩子一起動。孩子爬，妳也陪她爬。孩子很喜歡妳模仿他們的。

象徵性的強調：創造新連結

　　象徵性的強調指的是透過類比、對照和相似性等方式，將孩子們已知的事物賦予新意。透過這種方法，孩子可以學會字彙和概念。在大多數的情況中，首先會學到的字是名字（家人和寵物），事件或常規（例行事務），還有那些能幫助孩子得到想要的東西的一般用字。這是妳必須幫孩子建立的平台。別忘了妳的孩子懂的字遠比她說出口的要多。

當妳推著費莉斯蒂的嬰兒車穿越公園時，妳看到一個男人正在蹓狗。

看，費莉斯蒂，那個男人有一條狗。看到那個有條棕毛狗的男人沒有？那隻狗很大呢，對吧？比裘伊大多了（家裡的暹羅貓）。狗狗和貓咪不一樣喔。鼻子不一樣，眼睛也不一樣。想不想去看看那隻狗狗啊？我們要不要去問問那個男人，讓妳拍拍他的狗呢？【等待回應】

冬天到了，強尼需要靴子。

我們今天要去買靴子給你喔。很好玩吧？你知道靴子是什麼東東嗎？【等待】爹地有幾雙靴子呢。靴子就是鞋子，不過比鞋子要大一點。等我們到店裡，你就知道了。來，讓我們穿上外套，準備出發買靴子啦。

稍後在鞋店裡，強尼看著鏡中的自己。

看看你的腳，一腳是高筒靴，另一腳是普通鞋子。看起來很好笑吧？【等待】讓我們兩隻腳都

穿上靴子，看會不會好一點。怎麼樣，感覺很舒服又很暖和對吧？所以如果外面天氣變冷了，就可以穿靴子喔。

正負回應的語氣及用語多樣性

我把這兩項放在一起談，是因為這兩個都必須要以錄下妳和寶寶互動的方式來進行監測。尤其當寶寶的回應有些不尋常或不快樂時，這樣的錄影監測就更有其必要性。妳可以在每天的遊戲或吃飯時間，錄下大概半小時。妳的目標是百分百的正面回應和完全沒有負面回應。當然這個目標是不可能的任務啊，所以至少是百分之九十正面、百分之十的負面回應吧。

正面回應聽起來就像下面這樣：

「哇，真是個乖乖的女生！好棒喔，妳做到了！這座積木大樓真是漂亮啊。」、「吃豌豆的小男生真是棒啊。爹地你看看，弗雷迪吃了四口豌豆和所有的肉。」、「這麼乖把玩具放回箱子裡啦，妹妹。妳真是個超級棒的小幫手啊。」、「哇，哇，小強尼會吃肉啦。真是個聰明的小男生喔。吞下肚子了嗎？真是厲害啊。」

負面回應聽起來就像下面這樣：

「小心點，妳差點就把這個打破了！」、「不行，這個不能給你！」、「不行，你不能在那裡玩這個東西。」、「把那個放下！」、「妳又不乖了！」、「不吃完這些豌豆，妳就給我下去。」、「給我好好站在那裡不准動！妳有沒有聽到我說的？妳再摸一次我就打下去！再給我動試試看！」、「我說你可以下去時，你才可以下去。現在給我去睡覺，不准再哭了！」、「妳怎麼會蠢到把食物掉到地上？妳真是又笨又髒啊。」

（對那些從來沒有這樣教訓孩子的父母，上面這些例子聽起來好像很假。不過相信我，這一切都是真的。）

父母在必要時當然需要出言制止，但大可不必用很負面的言詞：

「噢，小甜心，不可以碰喔，不然東西掉下來就破掉了！媽咪把它放到那邊，這樣就安全了。」、「妳不能把手指頭放到那裡去喔，不然

妳可能會受傷，會痛到哭喔！媽咪不想讓妳受傷呢。」

用語多樣性指的是儘可能使用不同或更複雜字彙的一種習慣。因為這與父母先前跟嬰兒互動時的用語和孩子現在的字彙庫都有關，因此對父母來說是比較難以判斷的。以下有一些簡單的例子：

❖ 鞋子不只有一種。帶強尼去鞋店買鞋時，可以買靴子、涼鞋、運動鞋，或者是一般的鞋子。

❖ 食物各有不同的名稱。香蕉泥就是香蕉，不是水果。

❖ 果汁有很多種，柳橙汁、蘋果汁、葡萄柚汁、小紅莓汁，而不僅僅統稱是果汁而已。

❖ 狗狗個頭大小及顏色皆不相同：看看這隻大狗、黑狗，而不是只說：看看這隻狗。

❖ 火車不叫咻咻。休旅車和貨車及轎車是不一樣的。

反應

反應，五種溝通模式的最後一項，與引導模式緊密相連。反應代表父母依循孩子的引導而做出合理反應的能力。引導模式意指當妳想要孩子做某些事情時，妳是如何說出及表現的。

反應是被動的（協調的），引導模式則是主動出擊的。

在下一章裡，我們將從小珍妮開口說出（而且是真的言之有物）她第一個字的神奇時刻開始談起。

2 從一歲到兩歲
萬事皆有其意義

在孩子的成長過程中，最令人興奮的一段莫過於在十二個月左右，從小嬰兒轉變成學步兒的這段日子。走路，說話以及一大堆的技能同時出現。突然間，妳的寶貝能和妳進行有意義的語言溝通。隨著珍妮站起來，走開，揮手道再見和說拜拜，她的個人特質也逐漸呈現。

感官與動作的里程碑

聽覺和視覺

十二個月大時，嬰兒們的基本聽力與視覺功能幾乎已經足以和成人媲美了。和成人相比，一歲大的嬰兒能聽到更高音域的音階，而且能夠清楚地指出他聽到的音是在哪個音域。當然，聲音最好大一點，他才能聽得更清楚。色彩辨別沒問題，視力也可以，包括立體視力（辨別物體遠近距離的能力）。一歲的小孩視力好得很，傢俱上的線頭都能看得一

清二楚，再大個幾歲後視力會更好。

動作技巧

走路

　　妳的寶貝大概在十二個月大時就會開始蹣跚學步。九或十個月大時她會扶著傢俱，掙扎試著站起來，十一或十二個月大時她不必扶著東西就能站立。但請記得，這裡指的是一般的孩子。每個孩子各有不同，未必能照表操練。（每天在學步車裡待上一到兩小時的嬰兒，開始走路的時間反而較晚。這可能和某些父母以為的恰恰相反，學步車阻礙了嬰兒的平衡感，事實上它們擋住了嬰兒的視線，讓他們看不到自己的腳。）

握緊

　　到目前為止，她已經懂得運用大姆指和其他指頭來抓東西。她能預測她的目標物品的寬度或形狀，調整手指的姿勢去拿她要的那個東西。靠著良好的立體視力，她能很順利的拿起物品，也知道如何把東西放開。因為某些因素，她發現「放開」東西比抓住更需要練習，所以她會加強練習這項新技術，更由從高處放掉東西的練習中得到滿滿的樂趣。不管是高腳椅、嬰兒車、汽車座椅，只要任何有高度的地方都

可以。她會練習上好幾個月，因為這種「放手」技巧大概要到十八個月大時才能操控自如。所以請記得她需要練習，也因此妳的麻煩可大了。這個讓妳驚心動魄的遊戲，名字就叫做「我丟妳撿」。如果妳不配合玩耍，就等著面臨尖叫和哭鬧的懲罰。這就像人狗之間妳丟狗撿遊戲的顛倒版。在學步兒的遊戲裡，妳扮演的是那隻狗。

指東指西

指著某個方向，幫助他人找到他們想要的東西，是人類獨有的特性。這個動作需要了解注視的視線，依循所指的方向看到標的物，以及了解共同的目標—也就是確定另一個人和你看的是同樣的東西。因為這個過程夠複雜，因此指東西這個動作的發展過程是很長的。大概從六個月大起，嬰兒們開始注意母親視線的方向。九個月左右嬰兒開始指東指西的，並且樂在其中。之後許多嬰兒就發現了他們能夠用指著某個東西呀呀叫的方式，把媽媽們搞得精疲力盡。

大概在一歲時，嬰兒們大致上已準備就緒。這些走起路來搖搖晃晃的寶寶們跟隨著媽媽的眼神和指示的方向，到該到的地方。他們還會指向放在遠處的東西，並注意媽媽們是否和他們看的方向一樣。大約十五個月大的寶寶會在指東西前，先留意媽媽是否有注意到他。在此同時，他會開口說話以取得母親的注意力：看！這個字已經成了代表溝通的動

詞：我要讓妳知道我看到什麼。

語言的里程碑

第一個字(1)

十二到二十四個月間，有三個很重要的語言發展的關鍵點。第一個是說出有意義的字，這表示妳的學步兒想要以具有象徵性的文字表達他的想法：

我想和妳說一些事情

我知道這些字（含糊的聲響）代表真實的物品，

真人，和真實的事件。

寶寶說的第一組字，其實就是他經過前三個月的深思熟慮後的結果。最後，他就把他所知道的幾個字大聲說出來。這些所謂的第一組字必須符合下列兩項準則：它們對他而言，是在溝通中最重要的幾個字；還有對他而言，也是最容易發音的字。

最新的研究顯示，第一組字通常會是有關事件的字詞。然後是人名，動物，甚至是絨毛玩具。有關物品的字彙則在名單的最下面。不過每個人感興趣的東西不同，所以每個孩子都有他或她特別偏好的一組字。以下這份表列出一些

寶寶常說的第一組字。請注意妳的寶寶不必說出表上所有的字，只要是其中某幾個就可以。又或者，其實妳的寶寶也沒必要一定要說出和表中的字詞一模一樣的發音。「Juice果汁」是一個很受歡迎的字，可能寶寶說出來會是doo或doose（果豬）。

第一組字

第一組字可以是這張表上任何一處的字。每個寶寶說的都不同，不過說出的就是他認為最重要的字。請謹記，寶寶最早開口說話可能是十個月大的時候，最晚則到兩歲。而且第一組字的發音通常鮮少是正確的。

事件：洗澡、早餐、午餐、晚餐、床、睡覺、走路、洗、玩、回家。

人物：媽咪、爹地、寶貝、奶奶、爺爺、泰迪熊、洋娃娃；以及手足、寵物、絨毛玩具和娃娃的名字。

身體：肚臍、鼻子、耳朵、眼睛、手、腳趾頭、手指、頭髮、手臂、腿。

衣物：鞋子、睡衣、帽子、洋裝、襪子、褲子、襯衫。

食物：果汁、蘋果、乳酪、餅乾、麥片、牛奶、薄餅。

動物：小狗、小貓、兔子、鴨子、幼小的動物、小馬、小鳥、魚。

物品：汽車、玩具、卡車、手推車、積木、杯子、盤子、碗、床、椅子、澡盆玩具（小船、小鴨子）、毯子、便盆以及其他特定的玩具。

　　形容詞：大、小、很棒、壞壞、好、漂亮、軟、硬、好
　　　　　　吃、噁心、難過、生氣、紅、黃、綠、藍、黑、
　　　　　　白。
　　動作：吃、喝、走路、跑步、拍手、站、坐、來、去、
　　　　　玩、睡覺、洗、掉落、撿起來、親親、抱抱、看、
　　　　　瞧、得到、起床、躺下、拿、給。
　　非動作：有、要、喜歡、愛、我是、他是、曾經是。
　　社交：嗨、哈囉、拜-拜、請、謝謝、晚安（安安）。
　　抽象：不、是、出去、進來、家，什麼、走了、全不見
　　　　　了、那個、那裡、喔—噢、我、我的。

　　一旦牙牙學語開始，尤其在第一組字說出口後，誇張的媽媽腔就逐漸消失了。

　　妳說話的音調降低，語調也沒有那麼戲劇化。母親們開始以「對嬰兒說的話」這種語氣對話，用詞雖然像以前一樣簡短，但對寶寶說出口的新字有更多的回應。所以當寶寶伸手拿果汁，嘴裡唸著doose（果豬）時，媽媽會這麼回應：是啊，這是你的果汁。蘋果汁喔。你喜歡果汁對吧？媽咪也喜歡呢。果汁很好的。

　　「對嬰兒說的話」這種語氣會持續到嬰兒兩歲以後。針對十八到二十四個月大的小孩所做的研究顯示，唯有在學習訓練中使用「對嬰兒說的話」的語氣，孩子們才能學到新的字彙。如果使用的是成人式的談話方式，譬如說父母間的對話方式，孩子是學不了新字的。這項事實更彰顯了父母與

嬰兒間獨特的對話方式的重要性。

　　就在第一組字出現時，某件事也發生了。一個神奇的精靈打開了妳腦中的開關，讓妳變成一個現場連線的運動播報員。只要留心一下，妳會發現自己正唱作俱佳地即時報導著寶寶的一舉一動。

　　噢，你要把玩具放進盒子裡。喔——噢，玩具掉了。你要把它撿起來嗎？好吧，你不想。約翰拿起他的跑車了。這是一台大車車。你可以讓它一直跑一直跑喔。非常好。它跑得非常快，對吧？

　　當然寶寶根本不需要妳的旁白來告訴他該做什麼。他很清楚他想幹嘛。問題是，他需要妳用這種說話方式來幫助他的語言學習嗎？如果他真的需要，為什麼媽媽們要等到現在才這麼說話呢？到目前為止，這個問題仍舊是無解的。很明顯的，母親說話的方式能幫助孩子把行動化為字彙表達。如果母親的播報員模式符合研究結果的顯示，母親們一定最清楚什麼時候以什麼方式對她的孩子說話最好。

　　在兩到兩歲半之間，寶寶說出的字彙有限，一個月大概是八到十二個字吧。寶寶可是費盡心思，才把那些字說出口的。妳甚至能看得到寶寶的腦海中有類似字的東西在那裡轉啊轉的，然後那些字逐漸成型，最後寶寶終於把它們說出

了口。當我兒子十三個月大時，我們搬到新家。剛開始一整個星期，他可憐極了，很哀怨，很煩惱，一副承受著極大痛苦的模樣，活脫脫是個愁眉苦臉的寶寶。儘管我們全家都為了搬新家而雀躍不已，同樣的一家人，原來的傢俱，一樣的玩具，一樣的床和枕邊玩伴：小狗、兔兔和維尼。然而他還是堅持著他的痛苦。我問他好幾次到底是怎麼了，結果他還是只給了我一個苦瓜臉。

　　五天之後，他刻意引起我的注意，帶我到門口，踮起腳尖握住門把。然後他清清楚楚地說出，媽咪，現在回家。這項舉動，以及從絕望深淵中掙脫出的這四個完全符合文法的字彙，是他經過過去幾天努力蘊釀而來的。當然在知道是什麼困擾他後，我們很輕易就能解決他的問題。我們跟他解釋：這是我們的新家。現在是我們的新家了。在他了解「新」，「家」和「現在」這幾個字，以及正確的句子文法後，他對這項新資訊感到很滿意。孩子需要妳和他解釋他覺得奇怪之處，以及這個怪異之處的持續時間（即不確定性），如此他才能理解時間點的用途，現在。

字彙爆炸期 (2)

　　當寶寶們花上好幾個月，終於逐漸掌握語言技巧後，突然她開始每天都會迸出幾個新的字彙。這段時期我們稱為「字彙爆炸期」。一般而言我們把這個時期的興起歸因於兩

個臆測。第一是年齡，大約十八個月大時。第二則是孩子口語字彙的數量。爆炸期開始於第五十個字出現後。而字彙的數量比年紀在衡量上顯得更為準確。

　　將妳的寶寶的新字彙記錄起來，做為衡量她字彙發展的重要標的。如果妳起步太晚，或是沒有每天記錄，請直接記下現在他或她使用多少字彙。當妳的表單上累積到五十個字時，新字彙出現的速度將快得讓妳記得手忙腳亂。據估計，兩到六歲的孩子必須每天至少學會十個新字，才能達到六歲時他們應該擁有的詞彙數目。目前一個典型的六歲孩子所懂得的字彙（他們知道那些字，但未必說的出口），大概在一萬三千個字左右。

學步兒如何使用非語言的方式溝通

　　當妳的寶寶奮力想說出第一個字時，她同時也在用其他方式和妳溝通。

模仿：了解自己和他人的能力

　　寶寶、幼兒及成人會互相模仿彼此。就像我們靈長類的老祖宗猴子般「有樣學樣」。母親們很早就開始玩這種逗小孩時反覆遮臉又露臉的躲貓貓遊戲。媽媽把臉或頭（或是寶寶的）藏在一塊布後，然後把布抽掉說「躲貓貓」。一歲

前的寶寶每每玩得樂不可支，驚聲尖笑。等到一歲大後，她開始主導這個遊戲，一次又一次玩得樂此不疲。現在換她拿布遮住自己的臉，拿開，然後尖叫還可能喊著貓貓。寶寶藉此創造出一種遊戲式的溝通，溝通共同的注意點。猴子們是做不出來這種事的。

安德魯・邁特洛夫，進行一項測試嬰兒記憶力的實驗。（邁特洛夫也做過先前提及的新生兒模仿臉部動作的研究，譬如說伸舌頭。）十二個月大的寶寶被帶到實驗室，坐在媽媽懷裡，看一件奇怪的事情。一個人走進來，彎下腰，用額頭去碰箱子的蓋子，結果箱子就發光了。然後陌生人也走了。一個星期之後，寶寶被帶回實驗室，坐在箱子之前，而且可以用頭碰到箱子。大多數的寶寶都還記得這件怪事，於是就模仿著用頭碰箱子。（這和先前以為寶寶記不住東西的論點可差得遠了。）愈大的寶寶，記憶更持久。十八個月的寶寶，甚至在四個月之後還能記得並模仿當初那個動作！

當情況對調時效果也是相同的。一組母親和小孩被帶到放有許多玩具的房間裡，每樣玩具都有兩個。半數的母親站在孩子對面，模仿孩子們的一舉一動。其他的媽媽們則和孩子們一起玩玩具。

大約十四個月大的寶寶已經懂得這是在幹嘛。這組寶寶比其他的寶寶更常看著正模仿他們的媽媽們猛笑，還會不時測試一下，看看媽媽們怎麼反應。在這個年紀的寶寶已經

了解到自己是個獨立個體，能夠和別的個體溝通。

　　寶寶們知道自己和別人是不同的。可是是怎麼不同的，又有多清楚這個不同呢？或許你會想試試艾莉森‧哥夫尼和貝蒂‧拉帕裘利設計的實驗。讓小孩坐在桌前，桌上放兩個碗。一個碗放著寶寶喜歡的餅乾（像是金魚小餅乾、動物餅乾），另一個碗則放入生花椰菜，然後問問寶寶要不要吃（他們絕不會吃花椰菜）。現在換你吃了。當你吃花椰菜時，你要笑著說好好吃喔，或是類似你平常會說的話。當你吃餅乾時，你要板著臉，彷彿餅乾很難吃似的，然後說好噁心。大約一、兩分鐘後，把兩個碗推向孩子，伸出手問他，「可以給媽咪一些吃的嗎？」未滿十八個月大個的孩子因為喜歡餅乾，所以就算看到你不喜歡，還是會拿餅乾給你。但有時，十八到二十四個月的孩子就會給你花椰菜了，即使他們本身不喜歡它。這代表你的孩子已經能開始顧及其他人利益、為他人著想，即使這將會與自己的想法和慾望有所衝突。這是個相當神奇的轉變。（如果你的孩子已經太了解你的口味，試試找你的鄰居或朋友來取代你的角色。）

扮演遊戲

　　寶寶不僅開始了解自己和他人是不同的，也懂得分辨真假，而這可以從扮演遊戲中看出來。一歲大的孩子會很開心的在錯誤的場合中做不該做的動作。有時他們當成在開玩

笑，很是自得其樂。這些扮演遊戲通常和他熟悉的例行事物有關。比利會在客廳裡拿著假肥皂（可能是一塊拼圖）假裝洗澡。安德莉亞會把毯子或衣服小心地鋪在地上，躺在上面閉起眼睛，然後偷瞄你是不是和她一樣覺得有趣。山姆喜歡拿著假想的電話講話，當媽媽也假裝拿著電話回應他時，他會更高興。孩子們分得清楚真實與虛假，他們知道他們正在自導自演。

寶寶還會把他們的玩具納入幻想遊戲裡。玩具可以是人和物。香蕉可以當成電話。娃娃可以被高舉到半空中當成小鳥飛。積木可以是汽車。當寶寶逐漸長大時，會在遊戲中加入更多想法，所做出來的舉動就是他所知道的。譬如說，湯米正在玩積木，試著想堆起一座不會倒的塔。他找了兩個觀眾看著逐漸變高的塔。首先，他在旁邊放一塊大積木，然後說，媽咪，然後放一塊小積木說，湯米。所以他不僅示範了他了解相對的尺寸（大，小），他還把相對尺寸的概念延展到無生命的物體上。這算是很大的進步了。

當寶寶繼續成長，遊戲變得更複雜，更誇張，更可笑。所謂寶寶的幽默，我必須說，真的只有可笑兩字可形容。而你呢，卻也只能配合演出。不過你仍舊可以從中找到許多樂趣。當寶寶坐在地板上玩玩具時，過去加入他，很正經的問他一些蠢問題，假裝你對那些深奧的問題一無所知：積木需要洗澡嗎？積木要吃午餐嗎？車車需要午睡嗎？放些

玩具到毛毯下，包括像泰迪熊等的絨毛玩具，問他哪個需要午睡。泰迪熊需要吃午飯嗎？你看過他吃嗎？哪個玩具會說話？你一定會對得到的答案感到驚訝。你會看到現實消失，幻想取而代之，而且還是你萬萬沒想過的。（泰迪熊當然要睡午覺，晚上也要睡，可是需要不要食物？真的好好想一想，沒人看過它們吃東西嘛！）

你可以從以上的例子裡看到許多的想像，我們無法從中數出多少字，甚至只能意會而無法用言語形容。數字數讓我們覺得寶寶學字，就如我們在沙灘上尋找美麗的貝殼。在這樣的模式中，寶寶把令他感興趣的字存到心靈抽屜裡，以便他日後使用。他蒐集這些字彙，就像昆蟲學家蒐集蝴蝶一樣，然後小心翼翼地把牠們釘在心裡。以這種論調來看，字不過是個標記，是一組組的聲音模式，是用來得到你想要的，並幫助你分享一些意見，就這樣。但這些並不足以告訴我們孩子住的世界到底是什麼樣子，也無法讓我們知道孩子到底想解決什麼難題，還有他心裡到底在想些什麼。

真正深入的問題

想像你在克利普頓，一個遙遠的星球，你是被外星人綁架了移送到那裡去的。你是這些奇怪生物的俘虜，和他們一起在太空船上生活。這些克利普頓人不斷地發出難以理解

的刺耳怪聲。有個克利普頓人專門看守你，負責把你從A房送到B房，再接你回A房。在A房發生的事不會在B房出現，在兩個房間裡發生的事都以某些特定的形式或順序重覆。對你來說，這些事既陌生又毫無意義可言。

每天在某個特定時間，你會被帶到C房參與一種團體活動。在C房裡，幾個克利普頓人聚在一起圍成圓圈。在圓圈的中心有很大一堆綠色的東西。所有的克利普頓人從那堆綠色東西拿出一些來。他們不用手拿，因為他們的「手」看起來其實更像是一雙象鼻。他們把那些綠東西抹在自己長滿癬的身上，然後用象鼻推推你要你加入，於是你也照辦，模仿他們。他們似乎很享受這種活動，因為隨著時間拉長，它們發出更多輕柔的咯咯聲，而不是其他時候那種尖銳的噪音。當這個儀式結束，克利普頓人離開，你被帶回B房。一隻手或象鼻推你躺到地上。這時天色已暗，你睡著了，然後第二天醒來，所有事情又重頭來過。（我必須指出，你在克利普頓活不了太久，因為克利普頓人從身上的毛孔吸取食物，但你不是。）

碰到這種情況，你心中的第一個念頭是什麼（假設你並不會死）。如果你的想像力很豐富，你一定會想得出一大堆的問題和答案。當你試著回答最重要的問題時，你就會懂得一個嬰兒在九個月到兩歲間是怎麼去思考的。

首先，你會問：我安全嗎？這些克利普頓人會傷害我

嗎？我能夠信任這個把我移過來又移過去的警衛嗎？所謂信任，意味著可預測性。所有發生的事都是可預測的，所以我不必再感到驚訝？當事情變得可以預測時，一件事就會跟著另一件循序發生。可預測性代表A房發生的事都一樣，B房也是如此。這也就是說你待在某個房間多久和所做的事，日復一日都不會改變（克利普頓的一天，以我們的時間來說是四十六個小時）。在不同的環境裡及環境之間，每天某個特定的時間，花上一定的時間，例行工作，這些我們都叫做可預測性。固定的例行事務令人放心，所以我們的精神可以放在別的工作上。

　　然後你注意到某些事情似乎總是隨著某些事而產生。譬如，你觀察到一群克利普頓人在山崖邊把那些綠東西丟到空中。那些東西一直往上升到看不見為止。你注意到克利普頓人把綠東西抹在身上時很享受的樣子。你問自己，這種丟的動作導致了綠東西消失嗎？克利普頓的地心引力應該很怪，才會造成那些綠東西消失跑到外太空吧？這些綠東西讓克利普頓人很快樂嗎？一件事隨著另一件發生的這種情況稱之為因果。

　　然後是有關克利普頓人發出的那些噪音。是代表什麼意義嗎？如果仔細聽，是否能聽出何時何地有發出某些特定聲音，或許你就能預測到底發生了什麼事。或許你可以開始了解如何與他們溝通，找出他們對什麼感興趣，做某些事的

用意，甚至向他們表達想回地球的強烈慾望。

這些問題是每個能自由表達想法的人都會有的。不過這些和嬰兒們在沒有自覺反應（知道被察覺）、語言或是過去經驗為借鏡時所會產生的問題並沒有不同。嬰兒們擁有的是進化的優勢，你在克利普頓星球上則沒有。孩子屬於他們出生的環境，與生俱來的天賦終究會幫助他們回答所有像你在克利普頓星球上掙扎面對的問題。

藉著隔絕其他事務後的例行事項去了解預測性，並且注意事與事間的因果關係，是掌握時間時會碰到的問題。時間不是真實的東西，也不是絕對的，不是腦中的某個模組所提供的。時間必須從經驗中汲取。

寶寶如何掌控時間？

母親的工作是用可預測的例行事務和時間字彙，來建構寶寶每一天的作息。父母是報時的行家。打從嬰兒出生起，無論做什麼事，也不管寶寶其實聽不懂，媽媽不斷地說有關時間的字彙。不過一旦寶寶聽懂你說的話後，時間字眼就變成了互動中經常被使用的訊號。幼童們可能一直要到兩歲之後才懂得使用較多的時間用語，但他們絕對是很久以前，就已經懂得這些時間字彙所代表的事情先後順序了。

學步兒所掌握到的第一個時間觀念是「現在」和「不是現在」。「時間世界」通常開始於一歲半時。在這個「現

在、不是現在」的時間世界裡，時間區分成立即的現在和非立即的現在（無論過去或未來，兩者間沒有差別）。媽媽總是這麼開始著每一天：「現在我們要去吃午餐了。現在該洗澡了。現在幫媽咪把玩具揀起來。現在，你必須等一下（對寶寶而言是很怪異的）」。媽媽還會對指著餅乾罐的懊惱寶寶說，「現在不行」。在我的故事裡，我的小孩說，「現在回家吧，媽咪，」他其實是想說，他要把他現在在那間奇怪房子裡的事實，變成不是現在。

　　在十八到二十四個月這段時間裡，幼童會累積一些時間生字，他們會很努力去了解，不過卻很少說出口。這些字彙可以略分成以下幾大項：

　　時間點：現在、不是現在、何時、很快、稍後、
　　　　　　馬上、已經、說覺時間、午餐時間、來
　　　　　　了（意即「現在」）、早上、晚上、下
　　　　　　午、傍晚、明天、昨天。
　　時間順序：然後、當時、第一、之前、下一個、之
　　　　　　　後、所以、自從、何時、還沒。
　　時間長度：等待、直到、長、短、一下子、仍然、
　　　　　　　超過、停留、永遠。
　　時間頻率：總是、從不、有時、或許、再一次、下
　　　　　　　一次。

速度：快、慢、快點、趕快、偷懶。

父母在不同的事件上也會小心提供開始和停止的訊號：

我們來玩吧。我們走吧，但。讓我們來……。該吃午餐了。我們都好了。我們結束了。已經夠了。我們必須停止。不要這樣。就這樣了。結束了。全都沒了。

不像時間字彙用於例行事務及當成訊號時所表達出的精準和肯定度，因果關係在英文裡顯得相對模糊：

因果關係：因為，導致，如果—然後

因果關係這個觀念非常抽象（因為那樣所以這樣），就算真的了解因果關係的某些概念，要孩子們把這些因果字眼放入句子中，他們還是會覺得很困難。所以即使一個禮拜已經過去，十二個月大的孩子仍舊會去模仿用額頭碰箱子的男人，要讓箱子發亮。

我們使用這些時間單字是如此頻繁自然，甚至幾乎忘了這些單字確實代表著時間的事實。成人傾向於把時間想成是時鐘或歷史時光。年幼的孩子要達到這種層次的理解，通

常必須要到他們上學了老師教過才懂。嬰兒、學步兒或學齡前的孩子，並不是照著時鐘和歷史時間生活。就像你在克利普頓星球上也不是照表操課，何況他們早就把你的手錶拿走了。

寶寶們如何用語言來表達時間？

例行事務

　　在生命中的前兩年，孩子們必須解決一些主要的謎題。首先他必須藉由參與來學習例行事務，掌握到一些邏輯結構與型態。在沒經過這樣的學習之前，他是沒辦法說出正確的動作順序的。

　　在學步童的語言裡，例行事務的敘述基本上是這個樣子：

　　我們上樓，和我們放熱水，和我把衣服脫掉，和
　　我進澡盆，和媽咪幫我抹肥皂，和把肥皂沖掉，
　　和我從澡盆出來，和我得到一條毛巾，和我全身
　　都擦乾了。

　　以上是寶寶的全程洗澡實錄。他沒辦法把所有的句子串起來。如果你問他，「什麼是洗澡？」他或許會這樣告訴

你：

我的上去，堤米洗洗。

需要一點時間後，他才知道這兩件事是相關連的：

我的，我，媽咪上樓和堤米洗澡。

從兩到三歲大的孩子口中，我們可以得到更複雜的版本：

我上樓然後我洗澡。

有時兩歲大的孩子會開始使用時間單字，雖然他們常用錯：

有些晚上我上樓，然後馬上我就洗好澡。

其實他是應該，或者是想說：

每天晚上我會上樓，然後媽媽會說，「我馬上就來幫你洗澡喔。」

孩子把「有時」（sometime）誤講成「有些晚上」（somenight）。字是用錯了，但在句中的位置是正確的。他也不知道馬上這個字必須要是由人說出來才能使用。

接下來的例子顯示，寶寶要花多久時間才能釐清這些觀念。以下是一個三十五個月大的男孩對告訴我一個故事的要求所做的回答。他對說故事沒有太多的想像力，但是他能把早上的例行事務說出來——儘管把事件的順序搞得一塌糊塗：

> 爹地在銀行上班，媽媽準備早餐。我們起床穿衣
> 服。寶寶吃早餐和蜂蜜。我們去學校，把衣服穿
> 好。我穿上外套，然後走進車子裡。

（然後很突然的，小男孩改變了話題，開始講熊和獅子，彷彿他意識到這個「故事」已經變得太無趣了。）

原因和結果

想用言語表達因果關係的架構，其實是非常困難的。這會是一個「如果—然後」的結構，需要有兩個事件，其中一件是另一事件的結果。儘管用言語表達很困難，嬰兒們在現實生活裡倒是對因果關係相當的清楚。

在某個實驗中，孩子們被測試是否能察覺因果關係，

以及把事件分開：

A導致B，然後導致C。
A導致B。B導致C。

從表面看來，這個實驗似乎相當困難。寶寶們觀看兩種不同版本的汽車卡通錄影帶。科學家們用複雜的程序測量嬰兒在什麼時候、看的是哪部汽車。這將有助於他們了解嬰兒如何看待這兩個事件。

事件一：玩具車一撞上玩具車二，導致玩具車二撞上房子，此時一隻小狗跑出來。第一輛玩具車撞到第二輛玩具車後又因此撞到房子，這之間並沒有任何時間上的延遲。A→B→C。

事件二：一切都一樣，除了當玩具車一撞上玩具車二後，玩具車二停了兩秒鐘才又開始動，然後才撞上房子。A→B。B→C。

試驗結果顯示，十五個月大的幼童就能夠分辨兩個事件間的不同，因為他們相當注意那輛真正撞到房子的車以及小狗跑出來的景象。總之分辨這兩個事件的重點，即在於注意到零延遲及兩秒鐘延遲間的區別。

人腦及動物的頭腦都對同時發生、巧合及事件的順序相當敏銳。這正是為何人類如此迷信的原因之一。這也說明

了為何幼童能了解在實驗中的因果關係。然而事件即時發生
（就在你眼前）只是因果關係的一種。這裡還有另一種更深
入的因果關係型態，此種狀態下兩個事件之間的關聯可能不
是那麼明顯。我們稱這種因果關係為「理由」。

　　幼童們對了解因果關係的字眼很不在行，在說話上的
應用同樣也很糟糕。一個不滿兩歲的兒童能給妳的最好的說
詞，可能就是兩個有順序關聯的句子，中間可能再加上一個
「和」字。請注意孩子們在形容沒有因果關係的例行事務
時，用的也是相同的結構。（上樓不代表就要洗澡。）所以
孩子們會說，泰迪跌倒。泰迪哭。或者泰迪跌倒和泰迪哭。
這意思其實是，泰迪因為跌倒，所以哭了。當孩子兩歲或更
大時，他們或許會用然後來表示泰迪哭是因為跌倒的結果：
泰迪跌倒然後泰迪哭。

　　你可以看到，想表達出你所知的原因和結果，還真不
是件容易的事。因為有時句子中，事件發生的時間敘述是顛
倒的，也就是結果是放在原因的前頭。而因果字眼被當做
「連接詞」，座落在兩個句子或片語之間。

　　奶奶在醫院裡，因為她跌斷了腿。
　　狗狗餓了，因為昨晚沒人餵牠。

　　幼童連說完一整句都有困難，更別提要把兩個順序顛

倒的句子兜在一起。所以必須等到這些問題全都解決，孩子才能了解並說出下面這個簡單的句子：泰迪因為跌倒，所以哭了。

當孩子到達使用為什麼這個字的階段時，他們會熱切的尋找原因。父母就會開始試著提出各種理由，試著解釋更多他們真正想說的是什麼。在此你可以幫助你的孩子。首先，把時間返正，所以先有原因，後有結果。只要多加幾個字，在奶奶的情況中，父母可以說：

奶奶跌倒，傷了她自己，所以奶奶現在在醫院裡。

現在以顛倒句型重述以上的情形，孩子就可以聽到因為的意義：

你看，奶奶因為跌倒了，所以現在在醫院裡。
然後你可以進一步說明。

醫院是人們受傷時會去的地方。醫院可以把奶奶治好。

小孩們非常努力要去了解發生了什麼事，就如同你在克利普頓星球上所做的一樣。如果他們無法理解對他們很重要的事情的前因後果，儘管他們可能不會表現出來，但他們

會很困擾、甚至很沮喪。父母總是盡力去解釋一切，但父母們並須了解，有時解釋不見得幫得上忙。大人用「因為」這個字幾乎像呼吸一樣自然。但對一個幼童而言，尤其是連接兩個在時間上有所區別的事件，或事件之間的關聯比較複雜時，那個字是沒有意義的。

聞其字卻不代表其義

截至目前，我們看到孩子們費盡心力和父母及其他家庭成員溝通的努力。就是這種想要溝通的意念，讓十二個月左右大的孩子熱衷互動，以至於最後能擠出幾個他想表達的字。他很小心地選出這些代表他特別感興趣的人、事和物品的字彙。試著說出想表達的意思和講出你感興趣的事，正是語言的用途。不過在近兩歲時，有新鮮事發生了。幼童開始用一些對他毫無意義的字眼。因為這些新字出現在句中正確的位置，又說得有如順水推舟般的自然，以至於父母們常常會誤以為孩子對這些字的解釋和他們一樣。

凱薩琳‧尼爾森管這叫「用者無意」。尼爾森的研究，是記錄下幼童在就寢和她父親的床邊對話，以及當幼童在父親離開後獨處時的告白。所以當艾美莉的父親讓她就寢後，她自言自語哄自己入睡。年幼孩子的這種獨角戲碼十分常見，父母其實可以偷聽看看。記錄是從艾美莉二十一個月大時開始，直到她三歲為止。在此我選了一則和因果關係頗

有關聯的例子。

　　爹地，如同其他許多父母一樣，總是使用因為去回答艾美莉絕大部份的問題，解釋奶奶為何不能來，為什麼她必須現在就睡覺，為什麼她必須睡覺，為什麼她不能喝其他飲料，為什麼她不能再吃了，等等。

　　這裡有取自父親說過的三句話：

每個人都要睡覺，因為
你知道晚上會發生什麼事嗎？
大家都睡了，是因為──（被打斷）
快一點喔，因為睡覺時間到了。

　　在艾美莉的自導戲碼中，她常會練習從父親那邊聽到的詞句。所以如果爹地常常用因為，那她也會，但她其實並非像她爸爸那樣有意圖的使用。這些字彙出現在睡覺這個事件裡，但卻不代表任何意義。以下就是二十一個月大的艾美莉所說的話：

艾美莉去睡覺，因為茉兒（她這麼叫奶奶的）
艾美莉不睡覺，因為在床上
艾美莉去睡覺，因為媽媽，茉茉（指的一樣是奶奶）
艾美莉起床了

請注意艾美莉把因為這個字放在句中正確的位置上，也就是第一個子句後的連結詞。她沒法做到的是提出具有邏輯性的第二個子句。艾美莉練的是文法，不是邏輯。

第二十八個月大時，她似乎就厲害多了：

我們將去綠車子那裡，因為車子的座位在那裡。

即便已經三十三個月大，艾美莉對「因為」的運用仍叫人捏把冷汗。她大概了解如何使用因為來代表理由，但在以時間先後來連結句子、釐清哪個是因哪個是果這方面，仍舊覺得很困難。（這場獨白發生在大約在聖誕節左右，一個小男嬰出生之後。她口中的「貝比」指的就是小男嬰。）

「我們買了一個貝比，因為，呃，當她，呃，我們是為了聖誕節。」（這句話的意思是，「我們買這個貝比的原因是為了聖誕節。」注意這裡用得多複雜：原因是為了）她繼續：
「可是當我們去店裡時，我們沒有穿上夾克，可是我看到一些洋娃娃，我對我媽媽大喊，說我要一個洋娃娃。所以後來我們買完東西，我們去看洋娃娃，她就買一個給我。所以我有一個洋娃娃。」

　　尼爾森舉這個例子來說明孩子們說的故事，並指出艾美莉在文法上的進步。而這也是個逐漸從「不懂前就先用」變成「用了卻不代表什麼」的好例子，同時我們也看到演變到這種情況需要多久時間。因為她用的很順，過去式動詞也用對了，時間字彙（當，後來，買完）也沒問題，所以「因為」這個字在這個句子裡，聽起來很具說服力，絕對可以騙倒人。

　　尼爾森分析艾美莉的話，認為她並不關心她的新弟弟，而是在意一些日常事務。可是我認為艾美莉的談話中顯示了很積極的關心。眾所週知，年幼孩子發現自己被另一個小嬰兒取代時，是超級懊惱的。在這齣獨白裡，她用來形容他的最貼切的字眼是「一個貝比」，這也是她唯一一次直接提到他。當獨白繼續，艾美莉在突然出現的嬰兒（她所不懂的生物）與洋娃娃（她知道的東西）之間，做了一個非常有趣的類推。你在店裡買洋娃娃，你在聖誕節到商店買禮物。所以這個邏輯就變成：嬰兒弟弟＝洋娃娃。二者都可以在店裡買到。這解釋了嬰兒是怎麼出現的。

　　或許我們的臆測也未必正確，但艾美莉的父母的確可以從中推敲更多。他們可以根據這個事件提出問題，發展成以下的對話：

　　妳的弟弟是不是很像洋娃娃啊？

妳覺得班真的是個洋娃娃嗎？

他做的有些事情，是洋娃娃做不來的。妳想得出

是哪些事情嗎？

他會自己哭，會自己搖手。就和妳一樣喔！

洋娃娃不會自己揮手，對吧？

他還會長大喔，就像妳現在長大了一樣。

洋娃娃不會長大的，是嗎？

艾美莉的父母可以繼續延續這個對話，藉由讓艾美莉思考兩人之間的相似度，來連結她和弟弟之間的關係。再去比較弟弟和洋娃娃的相異處，讓她區別兩者間的不同。當然，這個話題繼續下去可能會引出另一個難以回答的問題，此時為人父母者就要發揮你的智慧了：如果弟弟不是從店裡買到的，那他們是從哪來的？活生生的又是什麼意思呢？

分類

滿三歲的艾美莉已經能對相似的事物做類推了。我們都知道孩子在開口說話前就已經懂得用文字來思考，這表示他們在更早之前就已經開始進行類推了。人類特別擅長將事物以外型或功用來加以整理。這樣的活動就叫分類。

艾美莉的父母碰到一個麻煩：他們嘗試讓艾美莉了解

寶寶和洋娃娃間的差別，以及寶寶和兩歲孩童間的相似處。兩歲的艾美莉已經試著說出這些比較之處。更年幼的孩子則早在能說出口前就已經比較於心。我們要如何讓孩子們告訴我們，他們已經懂得區別這些相似與差異呢？

視覺上的分類

心理學家用一個簡單的遊戲回答妳的問題，或許妳會想試試。把東西分成兩大類，每一類約四件物品。不管妳用什麼東西，每一類中的四種物品必須在形狀、名稱、功能、顏色、尺寸等等都力求相似。而這兩大類物品本身必須有很大的差別。以下是妳可以採用的一些物品：

四匹玩具馬和四枝鉛筆

四個黃色長方形和四個紅色人偶

四個小盒子和四個黏土做成的球

四個小洋娃娃和四輛紅色塑膠汽車

把這些東西混在一起，放在桌上，然後靜觀其變。九、十個月大的孩子一次會拿起任何一個玩具玩耍。十二到十六個月大的孩子會摸摸碰碰那些屬於一組的玩具，先玩一種再玩另一種。有些孩子此時就會把玩具分成兩類。如果妳的小孩已經十五、六個月大了，當妳邊伸出雙手邊說，把它們拿給我或是把它們撿起來，孩子會遞給妳一組玩具，留下

另一組在桌上。那些正經歷著文字爆炸期的十八個月大的孩子，會很有效率的把同組的玩具撿起來放在妳這隻手上，剩下的放到妳另一隻手。如果妳的孩子已經是兩組分類問題的專家，妳可以再加一組玩具提高遊戲難度。

分類和語言

　　以相似和差異來把事情分類和分組，是孩子們學習新字的主要方法之一。他們知道一個以前沒聽過的字，代表的是個他們不熟悉的東西。以下是一個針對識字程度為五十到一百個字間的孩子所做的實驗。

　　把三到四組類似的玩具堆在桌上，再加入一些孩子不熟悉的東西混在一起。所謂的不熟悉的東西，廚房用品會是個不錯的選擇（開罐器、濾網、壓大蒜器等等，不要用尖銳的物品。）當孩子玩玩具一陣子後，妳可以告訴他要把玩具分類收好：車子放一起，洋娃娃一起，積木，絨毛玩具，拼圖等等。把廚房用具也歸成一類。現在從每一組中挑一個出來，擺成一排放在孩子面前問道：「可以給我一輛車嗎？拿洋娃娃給我好嗎？拿煞車片給我好嗎？」此時妳的孩子變得遲疑，看著妳，看看玩具，然後伸手拿廚房用具。雖然對這些怪東西很陌生，但她認為奇怪的新字應該指的就是陌生的物品。繼續玩這個遊戲，直到妳用完所有選擇為止。

　　如果擔心孩子從此以後就把開罐器或濾網稱為煞車

片，妳大可慢慢找機會教她各種物品正確的稱呼。多練習幾次就一定沒問題啦。五、六歲左右的孩子奉行以下的準則：我知道什麼？我只是個笨小孩。我很可能會弄混啦。

這些研究證實了一項有關孩子語言發展的大迷思是錯誤的。這個迷思就是：為什麼孩子管所有動物都叫狗狗，所有男人都叫爹地，是因為孩子分不清狗和牛的不同、爸爸和其他男人的不同。（我在學校是這麼學的。）如果十六個月大的孩子能夠分辨各種物品，並且把它們分成兩大類，他們就不可能搞不清是狗是牛。可是當他們叫其他男人爹地時，他們心裡到底在想什麼？

想像妳仍然在克利普頓星球上。經過四個月的細心觀察，妳終於知道每當克利普頓人指著那種長出綠色物質當他們食物的樹時，他們總會說史基普格。某天妳和守衛出去散步，妳看到一株從沒見過的特別的樹，樹上佈滿紅色小球，就像我們裝飾的聖誕樹一樣。妳試著吸引守衛的注意，可是有別的東西吸引了他的視線。於是妳大喊妳所知道的最貼近的字眼，史基普格，然後指著那棵樹。妳最多只能這樣了，不過結果還真有效，妳也學到一些東西。原來這不是史基普格，這是德斯普布，而且這個字要用一種尖銳且上揚的語調說出。

幼童做的事和妳一模一樣。想想妳孩子所做的與之前的迷思（孩子智能未開，分不出是牛是狗。）是多麼不同。

首先他會記住他從沒見過的新東西。他知道自己的字彙庫裡沒這個字。他在心裡搜尋著他認為最貼切的說法，找到某個他認為最像的東西。這和你在忘了某個字怎麼寫時，會寫一個最相近的的字的道理是相同的。因為懶得找字典，所以你會在心裡思考，找一個你會寫的最相近的字。

幼童的思緒會像是以下這個樣子：

> 呃，這是個新東西。嗯。會是什麼呢？它在空中飛。它非常小。是黃色的。我只知道一種在空中飛的東西的名字，可是我沒看過黃色的。這是我唯一知道的字，所以我就說這個字好了。

在這點上，妳那聰明的**寶寶**得到妳的注意力，指著一隻蝴蝶，說，小鳥。這是妳教導新字和新觀念的機會：不，那是蝴蝶。蝴蝶比小鳥小很多很多。牠們不像小鳥一樣有羽毛。

有等級的分類

成人用不同層次的分類系統來區分事物：植物、樹、落葉木、山毛櫸、紫葉歐洲山毛櫸。孩子大概要到五歲大時，才會了解這些分類系統。在這個系列中，樹這個字屬於「基本款」。雖然當媽的可能渾然不覺，但她說的字彙大都

屬於這個類型。典型的基本款字為狗、樹、花、車子、椅子等等。和孩子說話時，媽媽們很少用下級的字彙如：西班牙長耳獵犬、橡木、杜鵑花、別克轎車和搖椅。她們也不常用上級字彙如：動物、植物、汽車或傢俱。

基本字彙包含最多的訊息，同時也是最有用的，不是太特別，也不會太籠統。這表示孩子可以用這些字來代表某個相似的東西。如果你告訴你的孩子，那隻狗是條拉布拉多犬，她能練習這個字的機會也不多。她一個星期或一個月裡能看到幾隻拉布拉多犬？而且這會帶來另一個問題，這表示她只要看到一種狗，就要多學一種狗名。光聽就累了。反過來說，如果你指著狗說動物，那你該怎麼稱呼牛、貓、豬或馬？

不過儘管父母們大多使用基本款的字眼，但是在形容高度相似的東西和慣例時，他們就不是這樣了。他們會同時使用基本字，上級字和下級字。而令人驚訝的是，孩子們也如法炮製。媽媽問，「你想喝飲料嗎？」飲料屬於上級字，指的是任何可以喝的、裝在杯子裡的液體。」如果寶寶點頭或說是，媽媽就會要求一個基本字的回答：「你想喝什麼嗎？」孩子立即意會到這項要求，永遠不會回答馬或香蕉。

如果他的答案是「果豬（果汁）（既非牛奶亦非水），媽媽就有機會繼續往下級字彙前進：「你可以喝蘋果汁或柳橙汁。你要蘋果汁嗎？」如果他的答案是不，她會繼

續問：「你要喝柳橙汁嗎？」玩具是另一個上級字的好例子，因為可以被細分為好幾組：在玩具箱裡的玩具、洗澡玩具、以及可以摟抱的玩具。每個玩具種類都有許多基本字：車子、拼圖、積木、球、鴨子、船、泰迪、貓貓、維尼。

孩子讓我們了解到早在他們表達出來之前，他們就已經懂得很多不同層次的生字。可是如果沒有媽媽的幫忙，要他們把這些用字表達出來，可是件艱困的工作。以下是二十二個月大的艾瑪的失敗嘗試：我喜歡食物，還有鬆糕！

童話世界的起點

屆滿兩歲時，妳的寶寶已經成了心靈奇才。她能了解大部分妳對她所說的話，釐清物品間的相同與差異處，苦思「非現在、過去」和「非現在、未來」的意義，對為什麼做某些事會造成某些結果感到不解，能說出口的有三百到四百個字。

當妳在思考她的一切時，在她第二年的生命裡，她花了許多時間在發展需要進入「童話世界」的技巧。稍早的時候，她在玩扮演遊戲時已經自行建造了自己的戲院，顯示她對真實與假象的模糊了解。她把遊戲發揮到極限，知道幻想世界很有趣，而且可以更好玩。她開始了解自己和別人。剛剛萌芽的同理心讓她開始察覺他人的需求和慾望，知道原來

自己想要的和其他人是有差別的。若是沒有同理心，孩子就無法了解故事中角色的存在，除非她認為那些角色其實是她自己的化身。

她知道在「非現在、未來」的世界裡的事情可能會發生，即將發生，但實際上全都還沒發生。她知道「非現在、過去」的世界裡發生的事情會影響到現在，而且她在快三歲時就開始使用過去式。她了解（但不曉得她了解）過去式和現在式，因為她的記憶容量正快速的擴張中。（還記得十八個月大的孩子能夠記住一件奇怪的事件長達四個月之久。）在此同時，她也努力的想搞清楚事情的前因後果，為什麼結果就是那樣。她把類似的東西歸納起來，會開始類推，即使可能要到三歲大時，她才能用口語表達出這些她已了然於心的概念。

現在來看看童話世界。這是個想像的領域，原本的真實被拉扯到極限，終於變成虛幻。泰迪、洋娃娃以及機器人可以說話、走動、煮晚餐、去冒險。所有的故事都有其軸線，簡單來說就是時間軸線。每個故事，從最簡單到最複雜的，都與時間架構有關。在《傑克與仙豆》故事裡，傑克種豆子，然後豆苗長得又高又大，然後他爬上去，然後他看到城堡，然後他找到通道進去，然後他看到巨人等等。孩子們酷愛傑克與仙豆，不止因為它打敗貧窮，飢餓和壓榨的涵義，更因為隨著時間進行的故事情節富有精彩的想像力。

　　故事中充滿因果之謎：為什麼韓森與葛麗特（格林童話中《糖果屋》故事的主角）會被帶到森林裡呢？為什麼丟麵包屑沒辦法指引回家的路呢？是因為這個原因，才使他們迷路的嗎？為什麼壞巫婆要把小孩子變成薑餅人呢？我再次聲明，那些貧窮、飢餓、拋棄和死亡等等隱藏的議題，其實對孩子沒有任何意義。孩子們在乎的是故事裡的事情為什麼會發生，以及不知道將發生什麼事的懸疑。

　　在童話故事裡，不同物種的角色的界限變得模糊。就算躺在祖母床上，穿著祖母的睡衣和睡帽，所有讀者都知道，大壞狼還是一頭狼。可是因為某些原因，小紅帽就是不知道。

　　故事用的都是過去式：很久很久以前……。現在式很少出現，就算有，也僅僅描寫一些固定流程：泰迪上床了。泰迪睡覺。泰迪起床了。泰迪在刷牙。這些流程片段並不是故事，但會帶給幼童很大的樂趣，尤其如果主角（事實上就是他們自己）是動物或絨毛玩具時。

　　儘管很多字聽不懂，孩子們真的超愛聽故事。年幼的孩子是因為喜歡妳說故事時的語調和聲韻。兩歲多的孩子對聽過許多次的故事仍是百聽不厭，要求妳說一次，又一次，再一次。父母們其實討厭這樣一再的重述，因為很無趣。父母們以為經過他們一再的重述，小孩鐵定記得每字每句，整個故事早就聽得滾瓜爛熟。然而孩子喜歡聽了一次又一次的

真正原因，竟然是因為他們記不起來。年幼孩子的故事記憶力在失憶與模糊的印象中努力掙扎。一再的重覆對他們其實是很刺激的，雖然他們每次聽的時候都有點熟又有點不熟，但他們總是對即將發生的情節感到驚訝不已。有點熟的驚喜和未知的事情最能吸引我們的注意力。這也是為什麼音樂愛好者能一遍又一遍的欣賞某些交響樂的原因。

截至目前我所要說的，恐怕也只能是重複，重複再重複，如果這就是你孩子想要的。你必須知道很多字對他們而言真的還是很陌生，我們也了解重複是累積字彙的關鍵。當小孩更大時，你可以用一些技巧來加強他們的記憶力，但可不是現在喔。

父母的學習指南

注意你的溝通風格

如果你真的還沒看到，請現在馬上翻到第一章最後部份。這裡教你如何與孩子做最有效的溝通。這些金科玉律歷久不衰，你不必擔心過時的問題。至於介於一到兩歲間的孩子，以下是我提供的一些其他的建議。

現場播報員型

你是個新聞播報員嗎？你會一邊看著孩子玩耍，一邊

口中唸著他的一舉一動嗎？花一個星期的時間觀察自己，看看自己陪在孩子身旁看他玩耍時，都說了些什麼。如果你不是個播報員，也沒關係。沒必要去改變你和孩子現有的相處模式。你可能覺得這種播報新聞的方式可以增進孩子的字彙能力，不過這效果尚未經過證實。採用這種溝通模式時，你用精確的字眼描述孩子的所作所為，然後更進一步說些孩子有興趣的話題，然後得到他的注意力。當然你也不能老是只用這種方式，你和孩子之間的互動和溝通也是非常重要的。

使用「對嬰兒說的話」的方式

　　嬰兒只有當妳直接和他們對話時才會學習，心理學家稱這種模式為「對嬰兒說的話」。觀察自己個兩、三天，並記錄妳做了什麼。妳花多少時間講電話？和鄰居或朋友交談，包括帶她自己的小孩來和妳孩子玩的？妳花多少時間和老公或其他孩子說話？這是比例問題。嬰兒自然無法得到妳所有的注意力。請謹記嬰兒無法從大人們或其他孩子互相交談中學習語言。妳有想過為什麼妳的孩子在妳花太多時間講電話或和朋友聊天時就變得很沮喪嗎？他會懊惱地貼近妳，拉妳的衣服，大聲嘟嚷他的不滿，為的只就是要得到妳的注意；因為他不懂妳在說什麼。對孩子而言，他就像被丟到異鄉，只有茫然不知所措的份兒。

釐清因果關係

　　快滿兩歲的孩子，會開始問「為什麼」，甚至偶爾蹦出個「更深入的問題」，像是妳從哪把寶寶變出來的？妳被要求要提供原因及理由。小心喔。如果艾瑪看到爸爸全身網球裝扮，問妳說：爹地為什麼要穿新衣服？妳可別回她說：爹地這麼穿是因為約翰叔叔找他一起打網球。首先，也是最重要的，因為這個字對這麼小的孩子沒有任何意義。（網球這個詞也一樣啦。）其次，妳這種說法並沒能讓衣服和網球搭上關係。再者，在這個「因為句型」裡，因果是顛倒的（結果出現在原因之前），使得這個句子更加難以捉摸。

　　試試以下的說法：噢，約翰叔叔找爹地打網球。網球是一種玩球的遊戲。人們通常穿白色衣服打網球。在這裡妳把時間依序排列，提供有用的字彙和觀念。妳還可以加上一些如：妳想不想看爹地和約翰叔叔打網球呢？這樣孩子就懂得妳在說什麼了。

視情況教新字

　　星期天早上你們到郊外散步，結果看到田裡有一些牛。在嬰兒車裡的大觀察家大喊：

　　大狗狗。看，媽咪，有大狗狗呢！

請先想過才回答。有沒有辦法把牛連結到孩子經驗裡的什麼東西呢？你注意到這些牛的毛髮顏色和你家褐色的拉布拉多巴薩羅繆一樣。肯定你的大觀察家的細心。

喔，對啊，那裡有好多牛【講得大聲一點，拖長一點】喔。牠們和巴薩羅繆一樣，都是褐色的。不過牠們是牛，不是狗。牛比狗大很多很多。你會說「牛」嗎？

進入童話世界

說故事時要注意兩件事情。(1)孩子必須認為聽故事是個很愉快的經驗，(2)孩子需要你幫她記住更多故事的內容。為了確保聽故事的樂趣，請不要講到一半就不講了。不要邊講邊忙著解釋故事大綱及字義。孩子們喜愛的是說故事的流暢性，如講故事的人的腔調語氣，就算聽不懂內容也沒關係。如果孩子要求你一次又一次講同一個故事，請善用這個機會。先如往常一樣說一遍。然後倒回去選個故事裡重要的角色、地點，或一個事件。談談這個角色長什麼樣子。說說他在哪裡出現、那是什地方？他為什麼要去那裡？之後他會去哪裡？這樣討論一下子後，以平常的方式再讀一遍（如果故事不長的話）。下次，把焦點放在別處，一個事件，像是為什麼所有的狗狗都掉下船了。為什麼會這樣呢？

你的孩子知道些什麼？

　　除了你每日的字彙記錄外，孩子還做了許多其他的事情，或許你可以好好觀察一下。

指東指西

　　這個年紀的孩子會藉由指著某樣東西，和妳分享他所看到的。這種動作需要他人的配合。孩子需要得到母親的注意力，當他指著他感興趣的東西，口中唸唸有詞時，他也在看妳是不是真的有在看那個東西。這是個相當複雜的動作。妳可以在孩子指向某個東西時馬上做記錄。妳也可以嘗試以下這個小遊戲。我們叫它：媽咪看，**寶寶看**。

　　妳可以這樣開始，「瞧，媽咪在看球。」然後指著說，「妳看到球了嗎？莎莉，看到球了嗎？」現在輪到莎莉了，於是妳說，「莎莉看到什麼了？看到什麼呢？」在莎莉加入這個遊戲後，看看她怎麼做。她會不會像妳一樣指著某個東西？她會看妳有沒有在看那個東西嗎？如果莎莉的反應比較慢，妳可以多試幾次。如果她沒辦法跟上，就等她大一點後再說。

妳的孩子用功能字嗎？

　　這裡有個更簡單的實驗版本。請等到妳的孩子十六到十八個月大的時候再來做這個實驗。從雜誌上剪下四張圖

片，其中有一張必須是狗。把圖片排成一排放在小孩面前，問他：「幫媽咪找出狗好嗎？」看看會發生什麼狀況。然後把圖片順序弄亂，再問孩子一次：「幫媽咪找出這隻狗狗好嗎？」妳的孩子對第一句的反應應該比第二句困惑，這顯示了她對「這」這個字很熟，很清楚這個字代表什麼意思。

　　妳可以觀察孩子分類的能力，或是強調妳對食物的偏好，還有重複先前的「花椰菜」和「煞車片」的遊戲等等。

3 從兩歲到三歲
令人驚豔的兩歲小孩

　　這兩年妳做得很好，盡妳所能的養育了一個完美的孩子。妳那可愛、討人喜歡又愛嘟嘟囔囔的小寶貝，已經懂得三八五個字的小天才，是乖乖聽話把玩具收到箱子裡的模範生，吃飯不會掉飯粒到地板上，不論到購物中心、超市、五金行等等都黏妳黏得緊緊的好夥伴，突然間竟然我行我素，不理妳了。

　　兩歲大的小孩已有自己的主見。他們總是一臉專注，神情嚴肅，似乎準備去執行人生中最重要的任務。他們通常會把那些阻礙他們追求目標的人排除在外，這當然就包括了父母、兄弟姊妹、保母和其他閒雜人等。

　　你會察覺到事情不對勁了。有一天，吉米用狗罐頭、又甜又苦的巧克力、還有真正的泥巴，為做狗狗羅比了一個派。你坐在獸醫的診間裡，對吉米的行為百思不解。不過吉米可是把原因解釋得非常清楚。

你：你在做什麼？

吉：餵羅比。

你：為什麼要給牠吃泥巴？

　　狗不吃泥巴的！

吉：羅比餓了。我餵羅比。

（就在此時，羅比痛苦地皺眉。）

你：你看！你讓羅比生病了。

　　我們必須帶牠來看醫生。

吉：（瞪大眼睛。）

你：不可以再這樣做了。

　　知道了嗎？

吉：（瞪大眼睛。）

　　或許他不會再這麼做；他會做別的事情。有些兩歲小孩很開朗，另一些則相對保守、神秘又難以捉摸，父母們有需要想辦法去了解為什麼。這是孩子打從出生來第一次能掌控自己的身體、心智以及環境，能夠照自己的計劃和願望行事。有時這些轉變非常誇張，如果你覺得很沒力，別擔心，這些「兩歲」小朋友終究會熬過去。

　　為了讓你好過點，在此我準備了一個來自自身經驗的魯莽科學實驗項目，讓你知道其實你是德不孤，必有鄰啊。對於那些逃過一劫、自以為育子之術高人一等的父母們，請

勿沾沾自喜，等你有了另一個孩子時，或許就沒那麼幸運啦。我要特別聲明，雖然我沒有相關的統計數字，但在名單上，男生的越軌項目就是比女生多很多──原因不明。男孩子傾向以實際行動、身體力行的來探索世間事物。女孩子們則傾向透過發問和人際互動來了解環境，比較像是心理學家用的方法。這些傾向對孩子展現出的人格及字彙的發展，都有一定的影響。

魯莽科學實驗項目

化學

<u>液體與固體的本質</u>

<u>溶解或變質</u>

實驗一。拿一長串的廁所衛生紙，或是一整卷，外加其他東西（毛巾、整條牙膏）丟到馬桶裡。沖水。

結果：能溶解於水的會被沖掉；留下來的就塞住馬桶。

實驗二。裝備：水桶、長棍子或湯匙。把原料放入桶內，如發粉、研磨咖啡、早餐吃剩的麥片、填牆壁裂縫的黏土等等。倒入一些液體（冷咖啡、水、牛奶等等）。努力攪拌。

結果：黏土讓混合物完美結合。水桶沒辦法再用了。

當科學家被問到做這些實驗的目的時，他會這麼回答：我把它混合了。再多問一些時，他的回答是，我把它放進去。

色彩遮蔽與吸收的特質

實驗三。這個實驗常發生在聖誕節當天的盛宴之後，時間大約是下午四點，大人們圍桌話家常。（這個實驗並非一定在聖誕節才會發生，重點是除了小小科學家外，其他人都在忙著做某些事情。）

裝備：姐姐的顏料罐組（聖誕禮物），現成可用的傢俱。打開和沙發墊子顏色完全融合的顏料罐的蓋子，雙手沾滿顏料，豪邁的在墊子上恣意揮灑。

結果：亮麗的紅色完美的遮蓋了原本的綠色。洗不掉。徹底的無計可施。（顏色的實驗不會有第二次，因為兩歲小伙子知道還能留下小命已屬萬幸。）

物理

機械

實驗一。目的：探索機器的本質與結構，譬如時鐘。

裝備：屋裡所有的鐘。

做法：在不被發現的情況下安靜工作。先把外面的螺絲取下，然後輪到裡面的小螺絲。慢慢把時鐘解體。把所有

零件整齊陳列，才方便之後組合回去。觀察指針是否還會動。結果並沒有。（實驗持續進行，直到房子裡所有的鐘都不動了。鐘錶匠一個一個鐘修理，並表示所有的鐘都被拆過又重新組合，只是組裝的不怎麼正確就是了。）

自由落體的重力加速度和耐用度

實驗二。目的：探索地心引力對由某種角度自由落下的物體的影響。〔請注意這並不是複製伽利略從比薩斜塔丟下兩個鉛球比較速度的實驗。〕這個實驗的標的物可以是一個兩歲小孩認識的任何叫得出名字的東西。最好的選擇包括咖啡桌、木頭椅子。

結果：咖啡桌的桌腳斷裂，椅子的腳鬆動卻沒裂開。（科學家在進行實驗時當場被逮。他的解釋簡潔有力：我要看它會不會裂開。）

探險

消失的本質

實驗一。如何在百貨公司消失。耐心等到大家都不注意的時候，爬進一堆衣服裡。堆的像小山那種的最好。靜靜等待。聽到大人叫名字的時候，不動也不出聲。能撐多久就撐多久。

結果：探險家圓滾滾的腳上的鞋子從一堆衣服中露出來，因而暴露了自己的行蹤。這個遊戲到此為止，下次就不靈了。

實驗二。如何神不知鬼不覺的溜出去，不被發現。等到沒人注意的時候，從大門走出去，或從籬笆縫擠出去。死命奔跑，朝目的地全速前進。

結果：實驗失敗。某個鄰居瞄到這個音速小子，在孩子的媽驚聲尖叫後，迅速跳上車進行追捕行動。小伙子在下一個十字路口被逮到。問他為什麼這麼做的原因、想去哪裡，他毫不猶豫地回答：我要看車車。

這絕不僅僅與科學有關。真正的意圖到底為何呢？

這些神秘的科學實驗之所以神秘，是因為孩子們知道他們會被制止。不過這些兩歲小鬼頭的大膽妄為和叛逆還真是沒話說。他們可以為反對而反對：

母親：來嘛，我們去學校接你哥。

孩子：不要！

母親：你不能自己一個人待在家裡。你必須跟我
　　　走，快點把外套穿上。

孩子：我不要！

他們同時也很坦率：

母親：跟坎柏女士打招呼。

孩子：不要。

母親：為什麼不跟坎柏女士打招呼啊？

　　　她喜歡小女生喔。

孩子：我不喜歡坎柏女士。她的牙齒好大。

他們公然挑釁權威。研究員分享親身經驗，即使在他們的嚴厲注視下，孩子仍是義無反顧的造反。

「兩歲小孩甚至連看都不看檯燈電線（違禁品）一眼，手就直接伸出去抓，他眼睛可是一直嚴肅又專注的盯著我瞧。」

「我的小孩會一步步逼近目標，直到她幾乎就在東西旁邊。在這個過程中，她從頭到尾都看著她爸爸。」

這些科學家自有一套想法。在他們兩年的生命中，他們學到了人的慾望各不相同，甚至互相衝突，只有父母是永遠的贏家。拉檯燈電線就不行，小孩必須遵守。就算不想吃那個噁心的蔬菜泥，他還是得硬著頭皮吞下。兩歲小童會測試是與不是間的界限，於是他們向你挑戰。你不想他們做的事，他們偏偏就要做，看看你有什麼反應。他們盯著你，是因為你的回應遠比他們的動作重要太多。此外這還與測試父

母的忍耐極限及堅持有關：我要怎樣才能逃掉。上次雖然失敗了，但如果我再試一次呢？」

　　因為兩歲小孩是動作派的，所以我特別強調幾個行為模式。兩歲孩子需要有自己的空間，同時也要你的「注意力」。和他一起玩，在吃飯和睡前和他聊聊天。這一年會是孩子蓄勢待發，學習使用正確文法句子的時刻。

語言遲緩的孩子

　　有些父母對孩子的語言發展顯得太過大驚小怪。孩子的語言能力如何，看他說話的狀況就知道了。父母應該對大多數孩子都發展良好的事實感到安慰。即使是智障者也能進行溝通。人腦備有的說話功能夠強，頂多是有些人要花比較久的時間才能啟動。

　　一個針對三萬八千個六到十八歲孩子正確說話能力所做的調查顯示，孩子的說話能力隨著年紀變大更加優秀。六歲的小孩裡，大約有7%的女生和12%的男生的語言能力被評為「非常不好」。不過到了八歲，這項數據急遽下跌（男女各為3%）。到了十二歲，就只剩下1%。這些數據透露出一個穩定的訊息，就是言語─動作問題本身顯少是造成說話能力優劣的原因。孩子們可能自己慢慢就學會了。不然，言語治療也有很好的成效。口語能力的增進似乎並沒有時間的限制。

　　近來有許多針對言語遲緩者、也就是那些在口語發展

上落後同輩的孩子的研究。其中有一項可說是無心插柳柳成
蔭。一組研究員對一群十三個月大的孩子進行語言發展的調
查。這些孩子在牙牙學語、認知字彙的數量以及聽力程度上
都相當正常。每三個月孩子們要接受有關認知字彙和表達字
彙的測試，直到他們二十五個月大為止。

　　在研究員第二、第三次拜訪時，三十二個孩子中有四個
的進度很明顯的落後其他人。雖然這個研究並不是要調查言
語遲緩的孩子，但顯然這是個絕佳的機會。所以這些孩子又
多被觀察了一年。言語遲緩者和其他孩子的差別在十九個月
大時就非常明顯了。一般孩子的字彙量是一三五個字，言語
遲緩的孩子只有十六個。隨著時間更久，兩者間差距更大：
在二十二個月大時的數據為二六四比二十九，二十五個月時
則變成四四二比五十四。看起來言語遲緩的孩子似乎麻煩大
了。所以，請想像當研究員看到隔年顯示的數字時，他們會
有多驚訝。以下是每個言語遲緩兒童所擁有的口語字數。

言語遲緩兒童擁有的口語字數

出生月數

	13	16	19	22	25	28	31	34
小孩A	6	5	17	41	51	273	579	646
小孩B	5	16	34	43	87	107	122	369
小孩C	0	1	8	15	52	216	563	623
小孩D	3	4	6	18	25	214	542	542

　　在第三十四個月，言語遲緩兒童的口語字彙已像正常孩子一樣多，認知字彙甚至還在水準之上。研究員找不出遲緩的原因。說話的正確性也不是問題。子音及母音的語調都正常，語言智力也很高。可見發音並不是造成遲緩的問題所在。於是科學家的結論是，早期語言發展的模式並無法預測之後的發展。但問題仍舊存在。言語遲緩普遍嗎？在哪個年齡言語遲緩，會對以後的發展造成影響？

　　研究員調查言語遲緩在整個人口中的機率，發現它的比例其實高於我們預期。在一項調查中，整座城裡所有二十四到二十六個月大的孩子都加入測試。口語字彙少於五十個就被認定為言語遲緩。結果顯示14%的孩子是言語遲緩兒童。當認定條件變成：小於五十個字，而且不能是組合字時，這個比例仍沒有變。他們還發現男女有別，這其實在每個言語遲緩兒童測驗中都一樣。在70%的研究裡，言語遲緩兒大都是男生。男女在字彙數量上也有差別，女生認識的字彙就是比男生多一些。

　　根據眾多研究得到的結論，言語遲緩兒童（兩歲時的口語字彙少於五十字）大概佔了10%到14%。因為男生比例比女生要高，這個10%到14%指的是男生的比例，女生其實只有6%到8%。這個比例顯得太高了些，以至於科學家們反而不能說這是不正常。他們認為所謂言語遲緩兒童其實只是「大器晚成」。然而當言語遲緩兒童到了三歲大時，約有

50%會迎頭趕上正常兒童，另外的50%則否。似乎沒有任何言語衡量標準，譬如正確發出子音的比例，每小時的雙字片語的數量，每句話的平均字數等等，能夠預測誰是大器晚成，誰又會發展遲緩。

很不幸的，並沒有人針對三歲以上的言語遲緩兒童進行更進一步的研究。四歲的言語遲緩兒則是已經屬於聽和說的臨床專家的研究領域，著重於診斷與矯正。然而即便這些專家學有專精，也承認語言的發展是無可預測的。我們已知道清楚說話的能力隨著年紀增長而加強。字彙量和文法也在五歲後步上軌道。截至目前為止，沒有人知道如何預測哪個小孩會有長期的語言問題。

行動方案

既然連專家都要等到孩子五歲或更大，才能預測之後的語言發展，對於你那發展緩慢的孩子，我自然也提不出什麼了不起的建議。不過如果真的很擔心，帶你那一歲大的寶寶去做個聽力檢查，倒是個很好的方法。如果寶寶有耳朵痛的傾向，更要勤於帶他去檢查。有些言語遲緩是由不良聽力所造成，因為這些聲音在孩子耳中聽起來既模糊又遙遠，孩子要學習開口，就更加困難了。

如果你的孩子聽不懂你說什麼，請向你的小兒科醫生求助，或是找個有執照的說話及語言治療家求教。最糟的情

況應該就是孩子得到非常低的認知字彙分數。聽不懂別人說什麼的孩子真的很棘手。如果你的孩子到三歲時，在口語發展上嚴重落後其他孩子，請務必找說話及語言治療家為孩子進行全套的語言測試。測驗中一定要包含認知字彙的測量才有意義。

　　尋求專家建議的同時，千萬別就此替你孩子貼上標籤，也別讓學校老師知道這件事。就算與專家約治療時間，建議你把它想成孩子需要額外的協助，就像他可能在寫字上需要幫忙一樣。當父母和老師認定孩子有語言障礙時，孩子的學業進度會受到很大的影響。造成這種結果的原因很多，可能是父母和老師期望變低，還替孩子找藉口。許多學校會要求孩子接受特殊教育。而這些特殊教育幾乎就是「笨蛋教育」的代名詞，與言語遲緩兒童所需要的恰恰相反。結果這些孩子的學習將更加落後，在情緒和心理上造成更多的障礙。

　　南茜‧柯漢把她對有語言障礙的孩子的研究結果，送給多倫多兩家研究行為和情緒問題的心理衛生機構。她研究那些經過一連串語言測驗的孩子，發現有64%的孩子符合語言障礙的標準。這個比例不但非常的高，同時還顯示出差勁的溝通技巧造成孩子許多社交、情緒以及行為上的問題。不過她最重要的發現，就是貼標籤這個問題。有半數的孩子之前就被診斷出有語言障礙，所有人都知道這些孩子有這個問

題。另一半的孩子從來沒接受測驗，沒有人覺得他們有這方面的問題。這些孩子閱讀能力正常，學業成績良好，對自己也很有信心。那些之前就被診斷有語言障礙的孩子在閱讀上至少落後兩年，學業上問題一堆。當柯漢把兩組孩子的語言測試成績相比時，她發現兩組分數並沒有太大差別。換言之，語言障礙並非造成閱讀困難的主因。而且即使我們無法斬釘截鐵的認定就是因為這個診斷，造成孩子產生閱讀問題，我們也很難想出還有其他的原因。於是被認定有語言障礙的孩子註定要接受治療或參加特殊班級，老師對他們變得不抱期待。他們因此接受不到正常的教育方式。

這是一個非常重要的研究，在解決這些問題之前，還有很長的路要走。父母必須避免誤判狀況，太早帶孩子去做測驗，或是把診斷結果告訴學校。

文法魔術師

二十四個月大的孩子脫離雙字片語的階段，進入了電報語模式。「電報語」指的是只保留必要字眼的說話方式，而不是以真正的電報方式講話。在這種方式裡，字的順序是對的，文法則不然。動詞皆為現在式。動詞字尾，代名詞，複數詞尾以及所有格都不見了。這使得孩子的話變得非常模陵兩可，而且要藉由上下文來判斷句子真正的意思。

我的去野餐。大公園。（My go picnic. Big park）

意思是，「上星期六我到一個大公園野餐。」或是
「我要到大公園野餐。」

媽咪拿它箱子。（Mommy take it box.）

意思是，「媽咪拿起我的玩具箱放到一旁。」或是
「媽咪從店裡帶回一個箱子。」或是「媽咪，把我的玩具
箱從櫥子裡拿出來。」或是「媽咪把我正在玩的箱子拿走
了。」

　　一如往常，父母忙著猜謎，不過我這裡倒有些建議：
糾正文法並不能幫助孩子練習文法。如果妳像下面這樣，是
一點用也沒有的。

孩子：媽咪拿它箱子。
母親：不是這樣，親愛的。媽咪拿走我的箱子。
　　　聽好了：媽咪—拿走（TOOK）—我的
　　　（MY）—箱子。現在換你說一遍。
孩子：媽咪拿它箱子。
母親：不—媽咪—拿走（TOOK）—說拿走
　　　（TOOK）。

　　　　　拿走。

　　母親：很好。現在說，媽咪拿走我的箱子。

　　孩子：媽咪拿它箱子。

　　研究顯示，父母幾乎從來不糾正孩子的文法（或許是因為太多這樣的對話吧），而且他們重新組合句子的比例大概也只有20%。儘管大人們似乎都不怎麼理會文法這檔子事，幾乎所有小孩最終都會說一口文法正確的句子。不過，孩子必須有父母從旁協助才辦得到。重要的是，父母要怎麼幫忙？

　　首先，父母說話時文法必須正確，句子要完整。你的孩子會從你說話中學習。第二，如果孩子的文法錯誤，妳可以用不同的說法來表達她所想說的。這樣就提供她一個學習句子的機會，同時讓她知道妳了解她的意思。接下來，趁這個機會再多解釋一些情況，帶她進入會話裡。

　　孩子：媽咪拿它箱子。

　　母親：是的，因為媽咪不想妳把箱子弄破，所以
　　　　　才把它拿走。這個箱子是從雜貨店拿來
　　　　　的，記得嗎？妳知道為什麼我們會有這個
　　　　　箱子呢？

　　孩子：衣服。

母親：對了，我們把妳的嬰兒衣服送到教堂。妳長大了，穿不下那些衣服了。妳不再是個小嬰兒了，對吧？（等待回應）教堂的人會把這些衣服送給那些需要的小嬰兒。妳要幫助那些小嬰兒，讓他們有衣服穿嗎？要不要幫我把衣服放到箱子裡？

注意這裡發生的事。媽媽把孩子的話用不同的方式重新說過，說明她把箱子拿走的理由。她問了五個問題，確保孩子了解她所說的、所做的，全都只為了釐清：妳知道我在說什麼嗎？她邀請孩子參與善舉，箱子不再只是某個玩具。她沒有命令，也沒有強迫。

三歲孩子最讓人驚訝的莫過於從說「媽咪拿它箱子」，進步到幾乎能說出像母親說的一樣正確而完整的句子。尤其在爸媽並沒有刻意去糾正那些三和四個字的短句的情況之下，這樣的進步是非常了不起的。在上面的例子裡，母親使用簡單又普通的字眼，但並不拘泥於過去和未來式，動詞，縮寫，代名詞和介繫詞。

孩子們學習文法主要是靠著以下三種方式：字彙，分類和語言記憶力。了解並造出符合文法的句子所靠的第一項技能就是生字。孩子可能永遠搞不清什麼名詞，動詞和形容

詞的，可是她就是知道什麼字代表人，動物，地方，事物，什麼字代表動作（不管是現在、過去或未來），什麼字又代表外觀（顏色，尺寸，形狀等等）。

　　三到四個月大的嬰兒最開始了解的是能夠感受到的字（動物，車子，食物）。十八個月大時，孩子在遊戲中同時學會多種分類（這裡所有的彈珠，那裡所有的積木），如同我們之前在第二章裡提過的。文字的累積和分類能力緊緊相連。當分類能力精進，類別就更細，也就用到更多標記來區分：所有的綠色彈珠；所有的大積木；所有大的綠色彈珠；所有小的黃色彈珠等等。單字被區分成它們所代表及敘述的東西種類。這些「東西」（名詞）包含特有的屬性。「綠色」是彈珠的特性，彈珠則不是綠色的特性。「大」是積木的特性。動詞就是這些人、動物和對象的所作所為。地方則不「做」任何事情，它們指的是你的所在地或你要去的地方。明白這些能讓孩子知道更多種類和區別的根據。

　　為了造句，孩子必須將各種不同的字彙排位子。兩歲的她早就聽過無數個正確的句子，所以已經知道正確的順序。

　　會話裡最重要的規則並非文法，而是必須能做有效的溝通。母親們很少糾正孩子的文法，她們在意的是孩子懂不懂。兩歲大的小孩不能用下面的句子蒙混過關的：這隻狗。媽媽應該要說：「什麼狗？」或「這狗怎麼了？」

如果吉米說狗狗拿了，要讓他知道這麼說是不夠的。媽媽必須問更多問題：狗狗拿了什麼？狗狗做了什麼呢？拿了球。「誰的球？你的球嗎？牠從哪裡拿的呢？」（看看媽媽是否要來個救球行動）

這些溝通逼得吉米一定要說清楚某些資訊、用什麼樣的順序。於是孩子在學習文法上的第一項工作，就是去了解事物和動作間的不同。一旦孩子們熟悉這個後，就可以空出更多「大腦空間」，研究更複雜的細節了。

這隻狗拿了我的藍色的球。

這隻狗拿了我的藍色的球，跑到街上去了。

心理狀態

我們總覺得孩子們說什麼、怎麼說，是在反映他們的內心世界。雖然這種看法有某種程度的真實，但還是無法解釋一切。我們知道孩子了解的遠比他們口語能表達的更多。從這點我們可以推斷，他們的思考遠比表達出口的更為複雜。所以雖然孩子們的獨角戲和對話可以提供很多資料，但在時間上已經遲了，就好像仗明明已經打了，可是你六個月以後才收到消息一樣的感覺。我們沒辦法鑽進嬰兒腦袋裡，所以沒法子知道他們知道什麼，他們是怎麼看待他們知道的

事，他們是怎麼去談他們認為自己知道的事情。

　　以下是另外一種可能的版本。很可能大部分的孩子都
和艾美莉差不多，試著想像地點在哪裡，思考去野餐時食物
如何保鮮，推測有座椅的車子最適合旅行。或許艾美莉在心
智上和大部分孩子沒什麼兩樣，只是在其他孩子只能在腦中
想像的同時，她已經說出口了。

　　沒有人比父母更懂得他的孩子想要表達的以及其心理
狀態，因為只有父母才了解為什麼孩子會說出那些話的背景
原因。所以當我試著一探兩歲孩童的思緒時，請注意我一半
可能是對的，另一半則用猜的。

　　在論及孩子如何思考表達，以及兩歲孩子如何思考這
兩個議題，我們提出的問題是一樣的。這些兩歲孩子記得多
牢，記得什麼，了解過去式和未來式代表的意義嗎？他們的
記憶是有連貫性的嗎？知道事有先後嗎？兩歲孩子會像父母
以為的，在聽了許多次故事後，就記得住故事的情節嗎？一
個兩歲孩子能了解別人在意什麼嗎？她能從旁人的觀點來看
這個世界嗎？兩歲小孩能夠從思考與信念的觀點，意識到自
己與別人是不同的嗎？關於這些問題的研究，大部份都是藉
由聽孩子說的，而非做的來判斷。在我做更進一步的探討之
前，我要把焦點再次轉回這些小小科學家身上，看看他們的
行為是如何代表他們的心思。

行為如何透露出孩子在想什麼？

　　依循往例，發展心理學家相信兩歲大（包括更年幼的）的孩子活在當下，除非發生很不尋常的事（一個人以額頭碰箱蓋，結果箱子發亮的實驗），否則他們根本記不得什麼。研究證明了孩子對例行事務記得一清二楚（洗澡時間，吃飯時間），但是面對其他事情，四歲前孩子的記憶其實是相當凌亂且片段的。這些結論的根據大多來自於孩子說出的事實（也是這些研究裡唯一的衡量標準）。這種關於孩子記憶力的觀念，歸納出所謂語言本身即為記憶之鑰的理論。然而在這點上，我並不認為知覺和行動的影響力會比語言本身少。就讓我們來看看這些年輕科學家心裡到底在想些什麼。

狗食

　　在之前狗食的那個例子裡，吉米有真如他所說的，同情狗狗的遭遇嗎？他真的覺得羅比肚子餓了嗎，他真的是因為羅比餓所以餵牠，還是其實他的動機根本不是如此？我想事實的真相應該更接近下面的情節。吉米看到羅比的碗是空的。正巧他現在對把碗裝滿和倒光光特別感興趣，所以他決定把碗裝滿。他把狗罐頭從廚櫃裡拿出來，倒一些到碗裡。因為媽媽留了些巧克力在料理台上，所以自然也要加進去。此時媽媽可能剛整理完庭院進來喝杯水，看看他在做什麼。吉米從另一扇門離開，以防被打擾。他看到媽媽用來整理花

園的小鏟子，於是鏟了些泥土放進碗裡。羅比跑過來看他在幹嘛，正好給了吉米做實驗的好機會。

如果以上第二種推測才是真的，那最讓人覺得有意思的，莫過於吉米為他的作為編了一個與事實完全不符的藉口。這個理由，羅比餓了，我餵羅比，不僅合理化了吉米的行為，更顯得他的貼心。但是我們不知道吉米為什麼會這麼說。他是想脫罪嗎（從謊言中解套），還是單純的描述他正在做的事情，回應羅比好吃的習性，所以讓羅比吃了幾口？

我們還可以做別的可能是正確的推測。吉米記得狗食放在哪裡。如果他記得這個，那他就可能記得其他很多東西放哪裡。吉米也知道自己的小實驗可能不討喜，於是他想出脫身的辦法。事實上，在稍早提及的許多實驗裡，都可以看得到孩子這些秘密脫身的手段。

機械和時鐘

有個兩歲孩子在幾個月內有計劃的把四個時鐘拆開後又裝回去。語言決定記憶這個理論在碰到這種狀況時就說不通了。在沒有所謂「時鐘零件」語言的狀況下，他是怎麼記得住那些被拆掉的零件要放回哪裡？這也不是例行的事件。這是個新奇的東西，不需經過語言排練才記得住。更有趣的是這個舉動與一項計劃有關，一項不能告訴別人的秘密計劃。這項計劃秘密到小孩絕不會在時鐘旁被逮到，就算變成

頭號嫌犯，他還是堅不吐實。

重力和落下的物品

　　這裡有另一系列有目的的新鮮行為（或說是破壞行為會更貼切）。這些物品在悉心計劃下一件件按時進行。重力實驗也屬於祕密行動，並不會透過口頭宣揚。不過因為孩子的意圖實在太明顯，他終於被逮到並被質問原因。而他會很冷靜清楚地馬上回答妳：我想知道這個會不會破，還一副天經地義、再自然不過的樣子。

人間消失

　　當這些小鬼頭在一個又大又陌生的環境裡大演失蹤記，也不管我們可能沒注意到就走人的同時，他們的心裡到底在想什麼呢？躲藏是種計畫性的舉動，躲在衣服堆裡更是相當高明。但就在媽媽和店員樓上樓下跑、扯著嗓子大喊十分鐘的同時，小孩子究竟在想什麼？

　　我兒子，失蹤記主角之一，以下就是他的故事。為了避免躲在衣服裡（或是其他地方）成為一種令人懊惱的惡習，我決定做一個小小的實驗。事情發生在失蹤記第三部左右，我用比平常更大一點的聲音告訴我女兒：「我們要走了。我想葛弗瑞不想和我們一起走吧。那我們就不管他了。」當我們離開時，葛弗瑞從藏身處跳出來追上我們。我

則一派輕鬆的對他說：「噢，你在這兒啊。我們還想說就先走了呢。」

葛弗瑞認為媽媽一定找得到躲在衣服堆裡的他嗎？他有沒有想過大家可能找不到他？如果大家找不到他，他有備用計劃嗎？可能沒有喔。或許我的反應讓他第一次仔細思考了這個可能性，因為自此之後，失蹤這套戲碼就再也沒出現過了。

麥凱比和彼德森記錄了麗絲，一個三歲半孩童的失蹤對話實錄，顯示了母親的反應對孩子的影響及記憶，遠比當初他們躲起來的原因更為重要。以下由實驗者開始這段對話：

> 實驗者：所以妳躲起來讓媽媽找，對不對？然後
> 　　　　呢，發生了什麼事？
>
> 麗絲：嗯，喔。她跑到鄰居家找我，到處找我。
> 　　　她以為我被殺掉了，以為有人把我拐走。
>
> 實驗者：有人把妳拐走。她以為有人把妳拐走了？
>
> 麗絲：對啊，可是我沒有，因為我躲起來了。
>
> 實驗者：妳躲在那後面，對吧？
>
> 麗絲：因為，因為我不知道她要這樣，她說，
> 　　　「我們來穿短褲。」然後我躺下來，然後
> 　　　她就找不到我了。就是這樣，然後，然後
> 　　　我就跑出來了。

　　這是段很長的對話，之後還有更多的對談。麗絲再次對母親的反應表達看法：她打我手心，說她以為有人把我拐跑了……。（她把打手心和飽受驚嚇的母親連結在一起，是個很不錯的教訓。）然而在整篇故事裡，麗絲對於自己為何這麼做，僅僅提供了一個非常模糊的線索：我以為我要和M以及J上街去，所以我不是。我藏在那裡。很明顯的，她不要和M以及J一起去。

　　由此可見，孩子的行動是經由暗中策劃的，原因可能有很多種。在這個科學實驗裡，孩子的邏輯相當清楚，即使對我們來說並沒有道理。在這些失蹤短劇裡，無論是葛弗瑞或麗絲，對他們為什麼要藏起來以及這些行動造成的後果，似乎都沒什麼清楚的概念。

可預期的例行活動：使用時間字彙

　　孩童在兩歲時開始使用時間字彙，來反應事件、例行活動及某些時段之間的關聯。他們開始用昨天、今天和明天這些字眼來表現過去、現在和未來。這些字眼代表了孩子經驗中的醒來和睡覺，黑暗和白天這些週期性的時段。醒來之後是白天，接著是早餐，然後午餐，然後晚餐，然後是黑暗和上床。如果有其他事件和這些順序穩定相連，那孩子也會記得這些事件。時間字彙（早上、下午、晚上）有助於界定時間和幫助記憶。

在艾美莉約三歲時的某齣睡前獨角戲中，很明顯的她不僅清楚知道日常事件的順序，對某些較長的時段也略知一二，譬如一星期裡的某幾天。她用明天這個時間字彙來敘述這齣戲：明天起床後，首先我和爹地和媽咪吃早餐，就像平常一樣。

艾美莉說就像平常一樣（或許是爹地的口頭禪之一），顯現出她知道這是件幾乎不需預測的例行事項。當艾美莉把早上的例行作息交待得一清二楚之餘，她用「然後」，意即「下一個」，來連接依序發生的小事件。

……然後很快的當爹地來時，卡爾就要來，然後我們將要去玩一會兒。然後卡爾和艾美莉將去車子那裡，和我們將開車到托兒所，然後當我們到那裡後，我們就說拜拜，然後他就去工作，我們就在托兒所玩。

接下來她把去托兒所的日子設定在一個星期的時間範圍裡。她真的非常清楚這些時間概念，而不僅僅是配合她父母的安排。儘管她沒有很清楚的說出如「我在星期一到五去托兒所，週末則待在家裡」這樣的話。

……有時我去托兒所，因為那是托兒所的上學

日。有時我整個星期和坦塔在一起。有時我們和
爹地媽咪玩。可是通常，我，呃，會去托兒所。

　　艾美莉並沒能搞清楚何時去托兒所，何時和跟坦塔
（姑媽？）在一起，以及和爸爸媽媽在一起的這些時間的交
替順序。可是艾美莉並非沒有察覺（沒感覺）她沒能弄清楚
的這項事實。她用了「有時」四次。這代表她知道（記得）
在一段較長的時間內（一星期），這些日常活動屬於可預期
的變化，但她也清楚她並不知道確切的時間點。她用托兒所
的上學日表示並非每天都是上學日。她還用了因果關係字
（因為），顯示她知道在這些特定日子裡，她必須做一些事
情。因為她去了，所以代表她去的時候就是上學日。托兒所
上學日並非隨意發生的。如果沒有這些時間標籤和因果關係
字，那整段話將會毫無順序意義：我去托兒所。我和坦塔在
一起。我們和爹地媽咪玩。我，呃，去托兒所。

過去的記憶

談論過去發生的事情會有助於記住這些事情

　　父母在協助子女建立自己的存取資料庫上，扮演著相
當重要的角色。有個保存記憶的有力工具，就是重述過去發
生的事件。孩子必須要覺得這件事很有趣或有關連，否則你

就要負責把它弄成是有關係的。如果孩子先談起，或是表現出對這個話題的興趣，那討論這個過去事件就更能幫助孩子把事件記在腦海裡。

另一個同樣重要的元素，則是父母在重建事件時的溝通模式。當蘇珊・英格爾在記錄兩歲半到三歲大的孩子與父母的對話時，她發現父母傾向於採用兩種溝通方式。她把這兩種模式稱作「發揮」型和「務實」型。發揮型的父母為過去事件的情節設定確切時間，務實型的父母則重複針對要角或事件標的，以近似「審問」的方式提出問題。其他做過同樣觀察的科學家，則替這兩種父母模式命名為「發揮」型和「重複」型，角色標籤甚是鮮明。以下是「重述」一則過去事件的幾個例子。首先是發揮型媽媽與孩子的對話。

孩子：大牛，媽咪。

母親：牛？

孩子：牛來了。媽咪？

母親：噢，你指的是去年夏天我們散步時看到的牛啊。

孩子：對，去年夏天的牛。

母親：我們住在海灘旁的小木屋。我們走了好長一段路，對吧？

孩子：好長的路，到柵欄。

母親：記得我們吃過早餐，然後我們走到大樹
　　　邊。我們走在步道上。你還記得步道嗎？
　　　我們爬上階梯，結果你一腳踏進水坑裡。

孩子：對。我自己爬。腳全濕了。

母親：然後我們再往前走，就看到牛了。結果你
　　　做了什麼？

孩子：我爬過柵欄。

母親：對，你爬上柵欄，爹地幫你。牛在做什麼？

孩子：牛過來找我。牛過來我和爹地這裡。

在這裡，同一事件由重複型的媽媽來進行對話。

母親：你記得去年夏天看到的牛嗎？

孩子：什麼？

母親：去年夏天，我們在海邊小木屋。你看到了
　　　什麼？

孩子：海邊。

母親：對，你看到海邊，還有呢？大大的東西。

孩子：大海邊。

母親：不，不是海邊，你不記得了嗎，你站在柵
　　　欄上？

孩子：嗯。

母親：你和爹地在柵欄旁。你在柵欄上看到什麼？

孩子：看到柵欄。

母親：那些大大的有黑的白的斑點，來到柵欄旁
　　　的東西是什麼？記得嗎，ㄋ——。

孩子：牛！

母親：對啦，你看到牛！

　　發揮型的父母營造互動式的對話，以敘述性的語言界定事件的順序，鼓勵孩子參與對話內容。孩子的感覺和情緒與事件連結，情感投入愈多愈好。結果發揮型父母的孩子記得住更多過去發生的事情，對事情的先後順序相當清楚，能夠把整件事情以更豐富及一致的語言表達出來。

　　在這個例子中的重複型的母親，對話的目的是要孩子說出「牛」這個字。對話不是由孩子發起的，孩子對這個話題似乎也不怎麼感興趣，而且要孩子記得（或將來記得）整個事件的各個片段，也是不太可能的事。重複型母親的孩子記住的細節少了許多，談到這件事時用的字也很簡單。父母重覆問孩子問題，直到孩子說出父母想聽到的答案。就算答案終於出現，父母也沒有表現出認同孩子的意思。他們只會問更多的問題。在這種溝通型態中有一個很普遍的現象，那就是對話中常常突然改變主題。以下這個例子逐字記錄三十三個月大的泰瑞和父親的對話。

〔主題：港口裡的船〕

父：我們在港口會看到什麼？

泰：船。

父：對了。

泰：（咕噥）

父：有幾艘船呢？

泰：有一艘船。

父：哪一艘？

泰：（咕噥）船。

〔話題轉變：泰瑞拿一盤食物給媽媽〕

父；你昨天拿晚餐給媽咪對不對？

泰：啊啊啊啊。

父：對啦。

泰：有個人煮的。

父：誰？

泰：人。

父：他做了什麼？

泰：那個人做晚餐給媽咪。

父：那個人幫媽咪做晚餐？

泰：啊啊啊啊。

父：噢。那誰把晚餐給媽咪的？

泰：媽咪。

父：誰拿晚餐給媽咪？

泰：那個媽咪，那個媽咪。

父：可是是誰把晚餐給媽咪的？

泰：（咕噥）

父：是你拿的嗎？

泰：啊啊啊啊。

父：是你拿晚餐給媽咪的？

泰：啊啊啊啊。

〔話題轉變：鴨子〕

父：你今天早上有看到鴨子嗎？

〔在此時，泰瑞開始尖叫，錄音也中斷了。〕

　　泰瑞對這段對話的忍耐與配合度已經夠讓我們印象深刻了。且讓我們相信這位爹地不是故意要這麼做的。在此我以「如何避免這樣對你的孩子說話」這個角度來分析這段會話。

　　首先爹地把話題設定在一次去港口玩的經驗。泰瑞答得不錯。然而爹地並未繼續下去，反而要求他去數有幾艘船。當泰瑞配合回應（一艘）後，他並沒能從爸爸那邊得知是對或錯的任何回饋。爸爸接著問的是個蠢問題「是哪艘船？」這個問題連蘇格拉底都未必答得出來。眼看這個話題講不下去了，做爹的乾脆就改變話題。如果泰瑞聽著這種會

話長大，將來變得拙於言詞，我絕不會覺得怪。以下提供一則爸爸可以嘗試表達的對話內容：

父：我們在港口會看到什麼？

泰：船。

父：對啦，我們看到好多船對吧？你記得吧，有些是大船，有些是小船。

泰：小船。鳥。

父：喔，你記得小鳥！我們看到有些鳥站在小船上，對不對？在找魚呢。你記得牠們是什麼鳥嗎？

泰：魚鳥？

父：不，牠們是海鷗。你會說海鷗嗎？

泰：海鷗。

父：哇，你好棒喔！

在之前的第二個主題的對話裡，爸爸一開始就丟出一個很誇張的問題。在知道泰瑞把食物拿去給媽媽的情況下，他明知故問：你昨天拿晚餐給媽咪對不對？這叫別人怎麼接話啊？答案只有「對」啊。我們假設泰瑞的啊啊啊啊就是對的意思。所以這位爸爸也接不下去了，只能說：對啦。在此時，泰瑞第一次、也是最後一次創造話題：有個人煮

的。結果爸爸假設他不懂，也不多做解釋，直接重覆問泰瑞才說過的：誰？他做了什麼？而這個問題幾乎已經成功的讓泰瑞繼續談論，足以顯示泰瑞對此事的興趣：那個人做晚餐給媽咪。然後爸爸停了下來，無話可說，於是又回到了他原先的問題：那誰把晚餐給媽咪的？就好像忘了他已經知道問題的答案。早在一開始這個話題時，他不就已經問說：誰拿……爸爸這個問題問了四遍，最後才把話題轉到鴨子上。

　　泰瑞肯定想繼續這段對話，不然他大可走開或很快就不滿的大叫。他一定是很樂意和爹地聊天。可是他唯一主動提出的話題並沒有被採納。讓我們來看看做爸爸的可以怎麼進行這段談話。

　　泰：那個人做晚餐給媽咪。

　　父：嗯，沒錯，是那個人做的呢。那個人的名字
　　　　叫比爾。比爾是個好廚師。他為大家做晚
　　　　餐。他也替你煮晚餐，對不對？

　　泰：對啊，做我的。熱狗。

　　父：你喜歡你的熱狗嗎？

　　泰：嗯，我把它全吃光了。

　　爸爸甚至可以更進一步引發泰瑞的興趣，譬如告訴泰

瑞說通常是女人煮飯，不是男人。一個大男人煮飯是不是很有趣呢？通常都是媽媽們煮，不是嗎？其實爸爸們也會煮飯呢。父母必須思考為什麼孩子會這麼說，為什麼選擇某個話題。

我們這位爸爸似乎犯了一個普遍的毛病，就是認為孩子說出口的就是心裡所想的全部。他不知道一個能夠把四個字說得明白有條理的小孩，懂的事可多著呢。他也不知道泰瑞其實很開心的在聽他說。然而如果對話的主題引不起泰瑞的興趣，泰瑞終究也懶得繼續。

另一種扼殺對話的方式，來自於一個重複型的媽媽。她比較像是個鸚鵡和審判長的綜合體。每次孩子提出一個主題，媽媽就重覆一遍孩子所說的話。當她進入審判長模式時，不管問題多難，不得到答案絕不罷休。

媽咪：你還記得聖誕節我們在農場的時候嗎？

孩子：我喜歡爺爺。

媽咪：你喜歡爺爺？

孩子：嗯。

媽咪：喔。

孩子：我喜歡巧克力。

媽咪：你喜歡巧克力？

〔繼續有十二行對話〕

媽咪：我們在農場的時候，誰和我們一起？

孩子：嗯，爺爺。

媽咪：爺爺和誰？

孩子：奶奶。

媽咪：奶奶和誰？

孩子：比爾叔叔？

媽咪：比爾叔叔和誰？

這個對話持續進行，直到孩子終於說出媽媽想聽到的名字。

這些溝通模式不會就此消失。在專家的觀察裡，年紀較大的孩童也碰到同樣的狀況。在這裡的重點是，父母的溝通模式，是否是影響孩子記憶及語言技巧的主因，還是只是針對孩子反應的被動回饋。想把這個問題獨立出來測試並不容易。如果孩子的字彙和基本語言技巧狀況良好，假以時日，證據似乎就顯示出父母的努力和溝通模式，在孩子記憶及敘述過去事件的能力上，扮演了重要的因果角色。

麥凱比和彼德森把孩子二十七個月及三歲半時的語言複雜度，拿來和母親的溝通模式比對。測量兒童語言豐富性的最強正面指標，乃是父母擴展話題時使用的句子的數量。最強的負面指標則是如同泰瑞父親使用的開放性問題的數量以及不斷更改主題的對話方式。

就算不提溝通模式，所有的研究都顯示出重述事件，哪怕只做過一次，對孩子的記憶都有很強的影響。沒有再次被提起的事件，很容易就被忘得一乾二淨。還有，發揮型的媽媽重述過的過去記憶，比重複型媽媽更能在孩子記憶裡留下深刻的印象。孩子記得的細節更多，描述的事件更能前後一致，言語的品質更好。在本章的最後，我們將會教你如何檢視自己的溝通模式。

父母對男孩和女孩說的內容不一樣

因為某些原因，父母親對女兒使用較多發揮型的對話技巧，對兒子則使用較多重複型的說法。費慕許研究兩歲孩子和其父母的對話，發現雙親和女兒的對話時間較長，問更多的問題，提供更多資訊。也因此，女生記得的事件要比男生多。而這個取樣中的孩子在基本的語言技巧（字彙和文法）上，並沒有因性別而有所差異。就算女孩表現出對某些話題不感興趣，父母還是很堅持繼續話題，花更多時間解釋延續。但他們對兒子就不會這樣。父母也很努力協助女兒重拾已經遺忘的記憶。費慕許在這點並未多作探索，但有個可能的解釋，就是男孩與女孩在專注力以及行為發展上的不同。

在實驗裡，我和我的學生針對每個學齡前小孩自行玩耍二十分鐘加以記錄。我們發現男孩分配玩耍時間和女孩並

不一樣。他們常更換遊戲活動，更容易分心，碰到突發或新鮮事，就把原先做的事扔下不管。一般而言，男生在二十分鐘內會進行四個半的活動；女生則是兩個半。平均的「專注工作時間」（持續專注相同活動的時間），女生為十二分鐘，男生是八分鐘。男生中斷手邊正在進行的事情（之後會再回去做）的次數是女生的三倍。所以或許是因為男孩子在身心上較容易「焦躁不安」的緣故，造成父母比較少和男孩子進行發揮式的溝通。

女兒在和父母對話時的專注力和「持久力」，意味著他們將獲得更多的資訊。她們聽到更多重複的訊息，也記得更多。女性終其一生享有較高的言語記憶技巧。又因為某些不知名的原因，父母和女兒對話時使用更多情緒性的字眼，因而更有助於文字的記憶。人們對於有情緒性字眼（不論好壞）的事件能記得更牢。對過去事件使用情緒性的描述，有助於增進孩子的記憶力。

多麼好的一天哪！

我們過得很愉快！

他是個很有趣的小丑，對吧？

他逗你笑。

這段車程有點驚險，是吧！

你被嚇到了嗎？

小男孩撞到你，害你把冰淇淋弄掉了。我想你一定很懊惱吧。你哭了對不對？不過後來爹地又買了一個給你，所以你又很高興了。

發揮型的溝通，重點在於激發孩子的興趣，包括延伸有趣主題的句子和許多情緒性的字眼，引發對過去事件有更完整的記憶。如果可以，父母沒理由不採用這種溝通模式。

在未來事件上，發揮型的對話同樣也能協助孩子在心理上架構事件流程，讓孩子得到更完整的經驗。譬如說到朋友家烤肉，到國外拜訪親戚，到海邊玩耍，到爸爸或媽媽的新辦公室，在鄉間散步，去看足球。艾美莉的父親在這點上的努力應該得到獎賞。每晚睡前，他總會預告明天將會進行的活動。當然，他是別有用心的：他希望艾美莉現在就去睡覺，第二天才能準時起床，參與這些令人興奮的活動—好個一石二鳥的策略啊！

孩子對故事的記憶

在第二章裡我們提到，年近三歲的孩子們已經準備好進入想像的童話世界。然而當孩子們被要求說出他們所記得的故事時，我們才知道，他們其實記不住多少內容。父母們總是順理成章地認為，在聽了這麼多次後，孩子們就會像他們一樣把故事記得牢牢的。

露：拜託，拜託，爹地，小豬！

父：還要聽三隻小豬？

露：對，三小豬。更多小豬。

這是爸媽第二千三百九十四次，或許吧，唸三隻小豬的故事給露意絲聽了。此時露意絲已經可以糾正唸出的錯字或發現被刪除的情節了。

父親：我要呼呼的吹，吹倒這間房子。

露意絲：不，爹地，是吹倒你的房子。

或許有人會認為，露意絲能眼也不眨的將三隻小豬的故事琅琅上口。然而不僅是露意絲，事實上沒有任何一個兩歲小孩能夠這麼做，除非那個故事非常的短。而且就算他們對某些情節瞭若指掌，你說一句他就能接出下一句，他們還是很難靠一己之力說出一個故事。

艾美莉最令人驚艷的獨角戲之一，發生在當她看過一本父母讀了不知多少次給她聽的故事書之後。艾美莉一頁一頁地翻，假裝在看書。她就像個說書人，替每個角色配音，演得有模有樣。那時她才兩歲大。

雖然書是一頁一頁的翻著，艾美莉說故事的順序（從一到三十六行）其實是這樣的：27、31、34、24、3、1、

3、30、18、24、27、36。她從故事的第二十七行開始說起。這行她鐵定很喜歡，因為之後她又重覆說了一次：我是丹迪萊恩（「我是丹迪萊恩，他吼著說」）。之後兩個事件，她倒是弄對順序了：外面正下著雨（「外面開始下了傾盆大雨」），然後太陽出來了（「溫暖的陽光趕走豪雨」）。但接下來這些句子就和故事情節一點關係也沒有：你最好和我到外面來……，我要和你一起玩……，為什麼你要拿這個……，你不能拿這個東西。

在第三十四行之後，艾美莉總共說了十七個無關緊要的句子，才又再回到早在丹迪萊恩怒吼前的故事情節上：我現在就去參加你的宴會（「我有去參加你的宴會，他回答」）。接著又是不相干的句子，最後艾美莉終於來到故事的開頭，只不過，順序弄反了：

第三句：我知道你有一封信。（「這裡有封信……」）

第一句：丹迪萊恩起床了（「在一個陽光普照的星期六早上，丹迪萊恩起床了。」）

艾美莉記得許多細節，可是她記不得這個故事。在五歲之前，他們只記得片段（個人事件除外）。另外很有趣的是，如果你想協助孩子記得故事，最好是讀那些沒有圖片的

書，或是別讓孩子看到那些圖片。研究顯示年幼的孩子在重述那些沒有圖片的故事時，表達能力其實比較好。那些代表不尋常事物或是孩子平常沒碰過的東西的圖片，譬如說主角浣熊的圖片，才能加強記憶。否則一般的圖片反而容易讓孩子分心。這些圖片可能擾亂孩子的思緒，讓她很難用想像力來組織故事。其實話說回來，幾千年來人類在聽故事時，都不需要圖片的幫助啊。

揣摩他人的心思

就連嬰兒也能感受到他人的情緒狀態，譬如快樂、憂傷和憤怒。就是這種接收情感（反應，然後是移情作用）的能力，讓孩子了解到他人的慾望、希望和想法，可能和自己並不一樣。兩歲大的孩子一邊瞪著父母，一邊叛逆地伸手觸摸燈芯的同時，就是在猜測他人的心態。她從花園出來，手上拿著牽牛花或蒲公英，甜甜的對妳說：花送妳，媽咪。這個兩歲的孩子在覺得疲倦或傷心的時候，還會想給媽媽一個擁抱。

三歲大的孩子有時會談論別人的狀況以及發生在對方身上的事，即使這些事和他們沒什麼關係。艾美莉兩歲半大時，某件事情讓她的父親很懊惱。雖然艾美莉沒有直接表明她父親是傷心或沮喪，但任何人都可以感受到她對父親的關

懷與同情。她父親要參加一項賽跑比賽。到了田徑場，卻被
告知不得參賽。起碼艾美莉的了解是這樣的，而這樣也就夠
了。當晚睡覺前，她是這麼想的。

> 今天爹地要去參加賽跑，可是人家說不行。所以
> 他必須從電視上看比賽。我不知道為什麼會這
> 樣，可能是因為人太多了吧。我想這就是他不能
> 參加比賽的原因。所以他必須從電視上看比賽。
> 〔她進一步重覆：〕可是他們說不行不行不行。
> 爹地爹地爹地，不行不行不行。只在看電視上的
> 比賽。

她的敏感度顯示在用的字「不」和「必須」上：他們
說不行……他必須從電視上看比賽……他們說不行不行不
行。她在尋找爹地為什麼不能做自己想做的事的理由。兩歲
大的孩子知道面對不行的失望，還有當你不想、卻被告知必
須時的感覺。艾美莉甚至把自己也加到劇情裡，創造了一個
快樂的結局。

> 但是在萬聖節那天他就可以參加比賽。明天他就
> 可以參加比賽。他說好。太讚了！〔艾美莉也被
> 邀請參賽：有個男人說「你可以參加競走，」我

就說「你真是好心啊。我非常樂意參加！」〕

情緒性字眼太讚了！反應出她父親的心態，或是她對事情轉變的喜悅，也就是，為她的爹地感到開心。艾美莉毫無疑問的很同情她父親的失望心情，因為如果把所有情緒性的字眼從這段故事中拿掉，你會得到下面這段文句：

今天爹地要去參加賽跑，可是他不能。他回家從電視上看比賽。或許他在聖節那天會去參賽。

一個孩子能多麼體貼別人的感受？許多的研究設計，致力於找出什麼年齡的孩子知道在某件事情上，他們秉持的是對的信念（真實的信念），而其他人秉持的是錯誤的。在一項很典型的實驗裡，一個孩子和一個成人助理（配角包柏）站在一紅一綠的兩個箱子之前。他們往兩個箱子裡看，右邊綠箱子裡面有糖果，左邊紅箱子裡沒有糖果。然後配角為了某種原因離開房間。此時糖果從綠箱子中被取出放到紅箱子裡。孩子目睹整個過程。然後孩子被問到，「當包柏回來時，他認為糖果應該在哪個箱子裡？」四歲之前的小孩會選擇真正放了糖果的那個箱子。

當問題這麼問時，孩子似乎無法設身處地的從別人的角度去想。他們似乎不了解只有他們看到糖果被調換，離開

房間的那個人並沒看到。然而當配角換成是玩偶，問題變成「他會找哪個箱子？」即便是兩歲大的小孩都會認為玩偶會去翻那個錯誤的箱子。這是個很有趣的發現。或許兩歲大的孩子有個模糊的概念，就是玩偶（玩具）沒有心智，而且很容易搞混，而成人則能看透牆壁，從不犯錯。

這是好消息，因為這表示兩歲大的孩子已經了解故事中主角的觀點和他們自己以及其他故事角色的觀點是可以不一樣的。只有當孩子能體會一個或多個角色的感覺，並去想像這些角色隨著故事發展時的感覺和情感，他們才能享受故事帶來的樂趣或感想（或記憶）。

所謂感受，是父母將故事展現給孩子後得到的產品。非常有可能是因為艾美莉的父母讓她感受到其他人的情感與慾望，在事件進行時也把自己的情感分享給艾美莉知道。否則我們實在很難想像，一個孩子能夠對情緒有這樣的敏感度。

幼稚園：給聰明人的忠告

對那些可以待在家裡照顧孩子的爸媽而言，孩子兩歲大時就會考慮是不是要把他們送到幼稚園。坊間有許多探討幼稚園好壞的研究，褒貶不一。不過大致上有的共識，就是好的幼稚園對孩子有幫助，壞的破壞性也很大。好壞的衡量

標準包括員工的訓練和素質，學生的數目，每間教室的學生人數，教師與學生比例，玩具種類和教材，以及小孩每天要在學校裡待多久等等。根據一項最近的研究顯示，一個星期中待在學校的時間不要超過二十個小時，是比較好的。

在此我要提供一些意見，讓這些有選擇的父母參考。以孩子需要的和熟人一對一交談的角度來看，幼稚園並不是個適合兩歲孩子的學習環境。也不是所有的兩歲孩子都會和其他小朋友互動良好。媽媽們把孩子送到幼稚園最常用的藉口就是「應對進退」的學習。更貼切的說法其實是「讓老媽喘口氣」。當媽媽得到空間的時間後，心情會更好，於是大家都蒙其利。

如果妳真的很想讓孩子上幼稚園，我這裡有些忠告。有些兩歲孩子真的很怕、又很害羞，無法適應被丟到陌生環境一待就是好幾個小時。有些孩子則沒有這個問題。評估一下自己的孩子，沒必要搞得孩子心靈受創，甚至從此抗拒上學。不妨就等到她三歲或更大，再考慮送她上學。

妳也可以回想一下，你的孩子和其他來訪的兩歲小朋友一起玩的情景。他們是分坐房間兩端，靜靜的各玩各的，完全無視另一方的存在？就算玩伴搶走每個她正在玩的玩具，可愛的小珍妮仍舊沉著端坐？大衛則緊抓住玩具不放，尖叫甩頭，不願分享，惹得他的小玩伴拿了幾塊樂高積木就往大衛頭上丟？捫心自問一下，妳的寶貝在一屋子的「朋

友」包圍下，表現又是如何。

　　替孩子註冊之前，先把學校調查清楚。妳的孩子有多少機會可以練習說話？有沒有說故事時間或心得分享時間？孩子們有沒有機會學唱歌、哼小曲？教室裡有鋼琴或吉他嗎？有沒有勞作、工藝品或其他有趣的東西？整個環境給妳的感覺是否平靜又有秩序？

　　就算妳決定替孩子報名，而她看起來似乎也很快樂，適應良好，還是建議妳一天不要讓她待超過三小時，而且只上早班就好。這樣妳就可以接她回家吃午餐，談談她在學校做些什麼，然後讓她睡個午覺。（沒必要付錢讓她在學校裡睡午覺吧。）

　　請記住，沒有大人的直接參與協助，你的孩子是不可能從其他同齡的兩歲玩伴那邊學到更多語言技巧的。兩、三歲孩子的溝通模式向來就以平行遊戲，平行交談或獨白著稱，大家各做各的，互不相干：（平行遊戲parallel play：把兩個小嬰兒放在一起，你會發現他們通常會對另一人所做的事情感興趣，表面上看來是相安無事的玩在一起，其實都是各玩各的，彼此之間甚少交流。）

　　A：我媽咪有個大南瓜。
　　B：看，我的圖畫是紅的。全部都是紅色的了。
　　A：她，有，一個萬聖節的南瓜。

B：中間是紅色的。我要在這裡塗上綠色。

A：你的媽咪有個南瓜嗎？

B：啊？

A：一個南瓜。你有一個南瓜嗎？

B：我沒有。看！我把牙齒塗成綠色了，哈哈。

A：南瓜是綠色的，我覺得。

很不幸的，在增進孩子的語言技巧上，還找不到其他能取代這種一對一對話的學習方式。在安親班或是幼稚園裡一個老師帶十個學生的狀況下，想讓孩子得到一對一的注意力是有困難的。那些必須工作而沒有選擇餘地的父母，必須善用和孩子相處的時間。不論是在吃飯時，洗澡時間，車子裡，以及睡前，都要儘量和孩子對話。好消息是，這些時間都是孩子們最放鬆的時段，也是最能溝通的時候。

父母的學習指南

之前在文章裡我提供了許多父母該如何與孩子互動的例子。除此外我已經沒什麼秘辛或訣竅能再向各位報告。如果你還是擔心，不知自己和孩子的互動模式是否有效，不妨錄下你與孩子間的對話，仔細聽聽你都在說什麼。以下是在語言發展中，父母最能發揮影響力的某些領域，也是能讓你

檢視自己的投入及著力之處。

(1)文法

因為不同的語言有不同的文法，所以孩子在學習文法時不能沒有你的幫助。以下我將提供一些實用的小技巧。然而首先，請記得這條金科玉律：孩子需要聽到大量的談話，尤其是那些文法正確的句子。儘量說完整的句子給孩子當範本，不要使用太多片語，或是單獨字彙如：就樣！你幹啥？給媽咪。晚飯？

第二，以下有許多技巧可以幫助孩子修正或架構正確的文法概念。大家都同意要糾正孩子文法或是要她以某種特定方式說話，根本是浪費時間。孩子不是這樣學習的。以下是更好的學習方法：

如果妳的孩子犯了文法錯誤，請在回應她時直接使用正確的文法。不要要求孩子重複說她已經說對的句子。

(2)注意你的溝通模式

第二個重要的領域是溝通模式，是某些研究人員在聽取父母與孩子的錄音帶時的意外發現。父母不同的溝通模式對孩子語言及記憶技巧的影響持續多年。發揮型或重複型，你使用的是哪一種？如果你還不確定，或是覺得很難辨別，

不如錄下幾個對話，聽聽自己是怎麼說的。

如果你講話像泰瑞的爹地或是審判長媽媽，你必須改變自己對會話的看法。就好像為舊畫換新框，你不再把會話當成是從小孩身上（找出他知道的東西）擷取訊息的工具，而是用來找出孩子的想法、信仰以及她感到有興趣的事情。以下是一些有用的技巧，能夠幫助你轉變心態：

1. 不要控制話題。讓孩子談他感興趣的東西。順著他的話延續話題，直到說不下去為止。

2. 會話並非教學練習，孩子不需要向你證明他知道正確的字眼，或是你要求他要懂的觀念。

3. 不要只侷限說些孩子能說出口的話題。永遠記得孩子懂得比說出口的多。

4. 利用會話時間，找出孩子真正有興趣的東西。如果你夠投入，孩子一定會給你一些線索。如果你問的問題正中要害，你就能得到更多的線索。如果他雙眼一亮，或是說出一個近乎完整的句子（男人煮晚餐給媽咪），你就知道你中大獎了。從孩子感興趣的話題開始擴展會話。把他用的字詞放入更長的句子裡，然後針對這個句子發問，或是加入更多的資訊。找出為什麼泰瑞對男生煮飯這麼有興趣。父母可以這麼問：你覺得看男生煮飯很有趣嗎？

5. 別忘了你的孩子喜歡聽你說話，也很開心對你願意

多花時間和他說話。就算他的句子都很簡短，不代表你就要像他一樣。而且切記不要剝奪輪到他回應的機會。

6. 就算你聽到的字詞含糊不清、不知所云（啊啊啊），仍請假裝他言之有意。在泰瑞的例子裡，啊啊啊就代表「是」。這是讓孩子了解他的嘟嚷也能被了解的唯一機會。如果你問了一個是非題，請把所有回應都當成是肯定的，除非孩子給你一個很清楚的「不」字！

建立孩子的故事記憶

列在第二章中有關孩子如何能建立「故事記憶」的方針，並沒有隨著孩子年齡的增長而有所改變。如果你還沒讀過第二章，請翻到該章的最後開始閱讀。隨著孩子的成長，你可以有不同的作法，譬如在讀後的討論中加入更多的資訊。對年幼的孩子而言，單一資訊（誰是故事主角？）就已足夠。對年記較大的孩子而言，則可以討論更多的資訊：誰是故事主角？她在哪裡？（地點）。她要做什麼？（故事情節）。

4 三歲到五歲
百花齊放的階段

　　基於兩個原因，我把三歲和四歲孩子的語言發展，合併在這章裡一起講。首先，有關這個年齡群的研究報告，出乎意料的少。再者，相關的研究報告都顯示出三歲和四歲的孩子遇到的是同樣的問題，而他們的進步也是有連續性的。四歲孩子可以看成是三歲孩子的進階版，在語言發展的變化上，仍是一如以往的了不起。一項大規模的調查顯示，三十六個月大的孩子和三十個月左右的孩子的口語字彙數量是差不多的。這表示一個三歲大孩子所擁有的字彙，和二十一個月大的幼童以及四歲大的孩子是差不多的。

　　三歲之前，大多數孩子已經發展出完整的基本語言技巧。在這一年和來年中，他們的工作就是讓這些技巧變得更好。這個階段的「交談」指的是如何增進語言技巧，在溝通內容、意義、流暢度及表達豐富度上能更加正確。口語字彙的數量從三歲時的一千字左右，增進到四歲時的幾千個字。五歲大的孩子平均能夠了解的字超過一萬個。然而孩子還有

很長的路要走。人類大概需要五萬個字，才能夠進行一般成人式的對話。

三歲大的孩子已經能檢查自己的談話和糾正口語的錯誤。有些孩子甚至會反省自己說了什麼。文法在這個階段進步神速，四歲之前已趨近完美。字彙記憶持續進步，孩子已經能記住短詩和兒歌，算是個重要的里程碑。

不用說了，父母的投入在此階段仍持續扮演著重要的角色。孩子藉由參與會話，發問並回答以及聆聽故事來增進他們的字彙。這裡有許多針對課堂上教生字以及在家學生字的研究，而這些研究都指向同一個結論：直接教孩子學習生字是件徒勞無功的事情。當父母、老師和研究人員嘗試教不同年齡的孩子學習新字時，時間總是花了一大把，得到的效果卻很有限（孩子大概平均只記得住兩、三個字），還不能保證孩子們將來會用這些字。就在這些教學繼續的同時，孩子們卻在自然又不須練習的情況下，輕輕鬆鬆地一天就能學會八到十個新字。這個結論就是，孩子會記得那些為了辨別物品和事件，以及讓他們覺得有趣的事情時所需要用到的字彙。他們記不住那些大人們要他們記的字。

三歲和四歲孩子間主要的一個差別，在於四歲孩子對自我以及自己的心理狀態，有更清楚的了解。向一個四歲小孩解釋理由，要容易得多了。不過請注意，這不代表四歲孩子就懂得你所說的，切—還差得遠呢。

　　多那文和麥英楚是協助有學習困擾的孩子及其家庭的專家，以下是他們提供的臨床案例。因為在學校不服管教以及怪異的行為，五歲的湯姆被帶到診所接受治療。湯姆的媽媽去世已經一年，現在他和祖母住在一起。祖母表示她有告訴湯姆，媽媽已經死了，現在住在天堂裡。可是當治療師進行更深入的對談後，他們發現孩子聽到的是完全不同的訊息。

　　當祖母告訴他：「你媽媽上天堂了。」湯姆以為天堂是一個地方，就像超級市場或理髮店一樣。不過不管媽媽在哪裡，她似乎就是要花上許多時間在那裡。於是他耐心等待媽媽從天堂回來。每次當他問到媽媽在哪裡，他總是得到相同的答案：「媽媽現在在天堂裡。」於是湯姆日復一日，一星期一星期，月復一月，年復一年的等著他的媽媽從天堂回來。這樣的不確定性連大人都受不了。當治療師溫和而冷靜的告訴湯姆，他的媽媽因重病去世了不會再回來，湯姆怒氣盡失，放聲大哭。不久後湯姆變得相當正常，原有的問題行為也停止了。

　　這個例子讓我們了解到，確認孩子是否了解到父母想傳達的意思，原來是如此的重要。不要假設孩子會了解生病，死亡、醫院、意外、救護車和天堂等等的真意。

語言的目的和功能

到目前為止，我已經談了許多有關語言的點點滴滴，不過在語言到底有什麼用，或是孩子為什麼要學好語言上，我並未多作解釋。人類是一種群體動物，集體而居，需要與他人溝通聯繫。集體而居牽扯出相當複雜的情緒、實事求是以及認同等情感。群居的動物同樣也有複雜的社交和溝通訊號。如果有匹野馬無法遵守「規矩」，牠可能會被逐出團體，或至少暫時被放逐。這樣的隔離產生了深沉的恐懼，甚至可以說是「孤寂」。正因為想回去群體中的渴望是如此殷切，人們利用這個簡單的心理技巧，讓野馬心甘情願上鞍成為坐騎。

人類的嬰兒就像大部分的動物一樣，與生俱來一套溝通的技巧。在飢餓、痛苦、生氣和恐懼的時候會哭（每個哭法都不同）。他們會笑，會眼神接觸，甚至在牙牙學語前，就會搶著「說話」。他們會察言觀色，也因此感受到溫暖、害怕或陌生。他們黏著你，擁著你，希望你也回應他的擁抱。

早在六個月大時，嬰兒就已經知道某個單字的發音代表了世界上的某件東西。從這個基本的了解，他們建立了名為語言的城堡。先前我已經描述過這個城堡的建築及架構，

可是在如何使用這個城堡上（亦即它的目的和功能），我並沒有多做著墨。在這一章中我將強調語言的功能面，也就是三、四歲大的孩子最需要學習和駕馭的領域。

語言的目的是傳達訊息。訊息包含了慾望、感覺、意圖、資訊（事實）、請求、信仰和意見。所有社交型的物種都在傳達慾望、感覺、意圖、資訊等訊息。人猿和某些種類的猴子在感應到老鷹和蛇時，會發出特別的訊號或「字（聲音）」。然而只有人類才能彼此分享信仰和意見。當我們認為人類的語言是最好的溝通方式時，它其實也不是最完美的。人類的語言，一如其他所有的溝通型態，只是一個表達近似意義的方法。如果人類語言是完美的，我們就可以把意見、情感、想法、慾望、觀點等從我們的腦子直接傳送到另一個人的腦子裡。人類語言的缺點在婚姻諮商中尤其表露無遺。吉姆對「花錢」的詮釋和瓊安對「花錢」的概念可是大不相同。湯姆的祖母所說的「上天堂」的意思，和湯姆想的也完全不同。

學習去描述和釐清一個人真正的意思，是三、四歲大孩子的首要語言任務，也是一個無法完成的任務。為了達到這個目的，他們需要有更好的記憶力。他們必須記得過去的事件，藉由印象拼湊事實，而且要放對順序。他們必須察覺到自己想成功溝通的意圖，必須檢查自己做得多好，聽眾是否有共識，或是需要更多的資訊，或是只需要比較簡單的表

達。（多數的四歲孩子和兩歲孩子溝通時會簡化他們的語言。）他們必須學習如何「掌握主題」，知道掌握主題代表的意義。他們必須清楚「平行會話」不是真的對話，玩伴和陌生人也不會像父母一樣那麼縱容並聽他們說想說的話題。

此時此刻之外

三種溝通型態

在和家人和朋友的對話中把意思說清楚講明白，是三歲以上孩子的首要任務。一開始是口語部分，然後就是寫字和故事。這個領域的研究專注在以下三種溝通模式：例行活動的描述，過去的事件，以及說故事的能力。

例行活動和敘事腳本

例行活動是在家裡發生的熟悉且重複的事件，敘事腳本則是發生在社會裡的例行事務。速食餐廳裡的狀況和正式餐廳內的狀況就不一樣。在速食餐廳內你自己拿食物，用餐前先付帳，自己把食物端到桌上，最後把盤子拿到回收區。在正式餐廳裡，服務生把食物端到你桌上，你吃完飯後才付錢，碗盤就留在桌子上。這裡需要研究的問題是：孩子對這些慣例了解多少，他們能否描述事情的經過和正確的發生順序？

過去的插曲或事件

發生在過去的事情並不屬於慣例的一部份。就算屬於同一類的事情，每件事仍是獨一無二的。不會有兩個一模一樣的露營之旅。藉由許多小事件串連起來後，孩子才能記住整個事件（例如一趟露營之旅），否則他對整個事件的描述誓必變得前後不一。

故事

要了解一個故事，或是編一個告訴其他人，所需要的記憶和認知能力，遠超出大多數三、四歲大的孩子所能勝任。故事自有其獨特的架構，也就是故事文法。所有的故事都有一個開場標記，告訴聽眾這就是一個故事：很久很久以前，有一天。然後故事角色馬上就被介紹出場。故事裡一定有個高潮，問題等著被解決，或是問題才剛開始。另外一個故事標記是結局（從此以後他們過著幸福快樂的日子）。不了解這種架構的孩子，沒有辦法回應大人對他們的要求：說個故事給我聽好嗎？

敘事能力的發展

凱薩琳·尼爾森認為擁有某些才能，對整體敘事能力的發展是很關鍵的，對於不論是想成為稱職的聆聽者（解說者），說故事專家或是人生經驗專家等都很重要。以下是以

她的看法為主的修訂版。

1. 第一項才能是語言的使用，也就是理解和製造連貫一致性的演說能力。這表示必須使用正確的文法來標示過去、現在或未來的時間，用介系詞和連接詞確實表達角色和事件間的關係，以及事件之間的因果關係。

2. 第二項語言才能是了解「必須」、「可能」及「不確定」三者之間的區別。韓森與葛麗特被引導到遠離家園的黑森林裡，必定會迷路。童話《糖果屋》中韓森丟下的麵包屑可能會帶領他們回家，但因為鳥兒把麵包屑吃光了，所以他們不確定能不能回到家。聽起來是不是很複雜？可是看看艾美莉在兩歲時（參看第二及第三章）的獨角戲裡，以上幾個元素她都用到了：

爹地必須從電視上看比賽（必須）。
有時我會去托兒所。
有幾天是托兒所上學日（可能）。
這海洋，我想，大概在幾條街之外⋯⋯可能在市中心吧（不確定）。

3. 第三項才能是對順序及事件即時反應的記憶，以及

對簡單連結和因果關係的了解。如果我上樓去洗澡，上樓並不導致我就要洗澡，但踏進一缸子的水則保證我一定會弄濕。兩歲孩子能夠找出熟悉的事情的前後關聯，甚至能弄清楚整個環節，但就如同我們先前所看到的，孩子需要很長的時間才能弄懂因果關係，並且用言語說得正確明白。

4. 第四項才能與第三項有關。孩子必須對這些慣例及可預測事件瞭若指掌，才能「顛覆」預測、打破成規。這樣的練習可以從連十八個月大的幼童都很開心參與的幻想遊戲開始。孩子必須了解故事都是虛構的，個人事件則是真實的。不知為何，孩子似乎要花上好長一段時間，才能了解這種分別（請參照之後內容）。

5. 孩子們必須能夠了解故事中每個角色的獨特性，或是在她生命中重要人士的不同理念。太過認同故事角色，將導致虛幻與真實世界間界限的模糊，混亂視聽。大概一直要到六歲大，孩子才能認清楚真實和虛幻世界的區別。

6. 最後一點，故事與文化及價值觀有關。年幼孩子是如何以及何時了解這些觀念的，我們無從得知。你也可以認為他們不懂，除非是有爸媽和老師教過他們。安徒生童話中那個荷蘭小孩用手指堵住堤防漏

洞，防止小鎮遭洪水淹沒的故事，展現的是一個勇敢，無私和堅毅不移的文化價值觀。但是小孩到底懂不懂這些呢，沒有人知道。

孩子能夠完成這些傑出的語言應用嗎？我們已經知道有些兩歲大的孩子，在敘述熟悉事務時表現優異：……然後我們吃早餐，爹地上車，我和媽咪玩。但孩子何時才能完整述說個人發生的事，何時才會說故事？赫德森和夏皮洛決心找出答案。首先，他們研究孩子敘述普通例行事件的能力，如參加生日聚會，去雜貨店或是餐廳。他們發現就連兩歲小孩都能勝任愉快。大部分的事件以現在式呈現，而且除非主題是很私人的（像上面例子一樣），這些事件的主角大都以客觀的你來稱呼：嗯，你坐進車子，然後你開到雜貨店。然後你推一個推車，把食物放進去，然後你付錢給那個女士。

以上是一個四歲小孩很典型的敘事記錄，遠比兩歲孩子的更進步，因為事件裡用了更多的介系詞（代表更多的資訊），而且情節的順序也是正確的。這些多出來的資訊並不代表孩子了解事件中更多細節，重點是他們透過敘事技巧，把這些資訊加入陳述內，以正確的順序呈現出來。譬如雜貨店篇，就可以加入以下資訊如：停車，走進店裡，排隊，把東西放到結帳櫃台。其實兩歲孩子就已經知道這些，只是他們選擇省略不提而已。

赫德森和夏皮洛建立了一個有趣的版本來比較四、歲六歲及八歲大的孩子製造敘事腳本，個人事件以及故事的能力。每個案例裡使用的都是四個相同的主題：生日宴會，看醫生，萬聖節和旅行。只有編輯提示是不同的：

關於敘事腳本，專家會這麼問孩子，「你能告訴我當你……，發生了什麼事嗎？」
關於個人事件的描述，專家會問孩子，「你能告訴我有一次當你……，發生了什麼事嗎？」
至於故事，專家會問孩子，「你能告訴我有關……的故事嗎？」

介系詞（代表資訊）使用的記錄，顯示出不同年紀的孩子在敘事腳本，個人事件以及故事中，所提供的資訊的多寡。實驗結果如下：在敘事腳本上，四歲及六歲孩子使用了五個介系詞，和使用六個的八歲孩子並沒有什麼差別。四歲及六歲孩子在個人事件的描述上做的並不比在敘事腳本時好多少，但八歲孩子在這裡卻用了高達十四個介系詞。

在故事敘述上，情況又不一樣了。四歲孩子仍舊只用五個介系詞，彷彿有什麼限制，讓他們只能做到這樣而已。六歲孩子用八個，八歲孩子用了十四個。

為什麼在敘事腳本上，介系詞使用量並未隨著孩子年

紀增長而有所改變呢？或許是因為孩子覺得那不過是個無聊的練習，因為他們察覺到大人根本就對那些例行事務熟悉得不得了。事實上，三歲大的孩子在向熟人敘述個人事件時，表達的會比較不一致、講的也不清不楚。可是說給陌生人聽時，他們講得就比較清楚。可見孩子連聽眾這個變數，都算進表達方程式裡了。

　　單單數著介系詞數目的多寡，並不足以說明這三個年齡群孩子的敘事能力的特色。在此我們將孩子各種不同的敘事特質細節分列如下：

敘事腳本

　　三種年齡群的孩子同樣都使用現在式（80%的孩子）和代名詞你（50%左右的孩子）。其他細節，譬如四歲孩子在排序上遭遇極大難題，只有20%的孩子能成功排序。另外，只有20%的孩子能加上選擇性或界定性的文字，如通常和有時。年紀較大的孩子對這些字才能運用自如。

個人事件

　　幾乎每個人都會使用過去式和第一人稱代名詞（我曾去看馬戲團表演）。很叫人意外的是，四歲和六歲孩子在提供其他細節的意願上沒什麼差異，但八歲孩子就不同了。四歲和六歲的孩子提供很少的場景或背景資料。只有40%的孩

子弄對事情順序，很少人提供一個結局。典型四歲孩子的個人事件描述，就有如下面的例子。編輯提示為：「你能告訴我有一次當你……，發生了什麼事嗎？」，前題事件為：(1)開生日宴會，(2)去看醫生，(3)去過萬聖節，(4)去旅行。

那裡有個蛋糕。有很多人，有禮物，卡片在禮物上。蠟燭在蛋糕上。蠟燭是點燃的。我們唱生日快樂歌。

我去打針。不過我沒有哭。然後我回家。

嗯，我和媽咪，我們出門過萬聖節。我記得我打扮成仙女。我得到很多東西，都放到我袋子裡。我記得我姐姐是小丑。我們和媽咪去了很多間房子，拿了很多東西。我就記得這麼多了。

我們去遠足。我們看到一塊木頭，上面有烏龜。我們看到短吻鱷。我們看到魚。我們看到鳥和鳥的房子，地上有洞，松鼠住在裡面。然後我們野餐。然後我們回家。

故事

在說故事練習上，年齡是影響孩子技巧的最大變數。幾乎所有孩子都用過去式，可是只有八歲孩子能掌握編故事的細節元素。四歲孩子在這個項目上輸了一大截。只有40%的四歲小孩成功的排出正確的事件順序，就像他們在個人事件描述上的表現一樣。他們能做的也就只有這麼多了。極少數的四歲孩子能夠提供場景或虛構的角色資料。不到33%的孩子能夠編出一些狀況或驚奇的情節讓故事更有趣。幾乎沒有人能提出解答或故事的結局。

所有的孩子裡，只有兩個故事中有虛構的角色（動物），只有一個故事有劇情。令人訝異的是，最好的故事竟然出自一個四歲的小孩：

> 曾經有隻駝鳥，他飛不起來，可是用走的走到了佛羅里達。然後他發現那裡天氣實在是太熱了，所以他回到這裡，又覺得這裡實在太冷。他待在這裡想著，到底他該去哪裡，既不太熱，也不會太冷。然後他只說了一句：「還是留在這裡吧。」

當然，孩子可能套用了一個他所熟悉的故事橋段，但就算如此，這是唯一一個證明孩子能夠遵照指示，並知道故

事是什麼的例子。

　　儘管有年齡上的差別，但在某些方面，孩子的表現倒是頗為一致。幾乎每個故事裡，孩子都是以自己為主講者，並且都用第一人稱（我，我的）進行。50%的八歲大孩子都是這麼做的。大部份的孩子認為這個詞「角色故事」代表的是一個幻想的、類似角色扮演的事件。請看下面的例子：

　　嗯，我假裝我有個朋友……
　　你可以假裝你有一輛車。

　　看來孩子似乎不了解故事的本質和架構。他們想把幻想情節和虛構的故事融入自己的生活裡，設定自己為其中一個角色。在另一個研究裡，有個五歲小孩認為自己就是彼得兔。這或許可以解釋為什麼當小孩子被要求說個故事時，他們不去構思一個虛幻的角色，反而直接講出一個有關自己的故事。

　　就算後來當孩子了解到故事角色其實並不是他們自己時，許多孩子仍然相信故事裡的角色和情節都是真的。一項研究指出，半數的六歲孩子在被問到著名的童話人物時，都認為那些虛構的角色真的存在，就算不是活在當下，他們也曾經活在世界上。一個六歲孩子表示灰姑娘不是活在現在，她活在「很久以前，當我一歲大的時候。」

這些發現在父母間引起了諸多爭議。讀故事給孩子聽有什麼用？所有證據都顯示六歲以前的孩子根本記不住故事的內容、情節、架構和道理。認識那些虛構的角色是好還是壞？孩子能不能編出一個故事，真的有那麼重要嗎？稍後我將會回答這些問題。不過這裡有些原則是每個人都同意的：孩子應該說實話，記得重要的事情，能夠正確而完整描述發生過的事情。孩子需要了解真實與虛幻間的不同。

父母如何幫助孩子增進記憶和語言能力

還記得在第三章裡提到的發揮型父母嗎？他們使用的對話提供孩子更多互動的機會，以描述性的語言界定事件的順序，鼓勵孩子一起參與建立這種對話模式。另一方面，重複型的父母使用平淡乏味的語言，重覆質問孩子某些事實，直到孩子答出正確答案，也就是，父母想聽到的答案。在第三章中，我們看到了這兩類父母與他們的兩歲孩子互動的情形。或許重複型父母的溝通技巧不夠好，導致他們的小孩話不多，和別人也聊不起來。如果情況是這樣，那我們當然希望隨著孩子年紀漸長，父母能大大改變自己的溝通技巧，方有助於孩子發展更好的語言技巧。

瑞斯記錄了孩子從三到六歲這段期間與母親的對話。一開始瑞斯以這些孩子本身的語言能力及父母的溝通模式來

做分類。令人吃驚的是，重複型父母的那種「審判長模式」就算經歷了長時間，也沒什麼改變。不過這些父母在孩子六歲時，是有變得比較像發揮型一點。他們應該變成發揮型的；因為沒有人能在重複型狀態下進行正常的會話溝通。六歲時，孩子們接受語言和記憶測驗，結果顯示兩種溝通模式的母親教養出的孩子在記憶和語言技巧表現上大不相同。發揮型母親的小孩記得住更多過去的事情，使用的言詞更為豐富，更有組織，能夠講出更多細節，對事情有比較多自我的看法。

這類型的研究就是所謂的「描述性研究」，也就是記錄實況對話的研究。另一種研究同樣現象的方法，則是預估母親語言風格的重要性（而不是衡量其他因素，如語言智商），也就是設計一個實驗。泰絲樂和尼爾森要求母親們帶著她們三歲半大的孩子到自然歷史博物館。半數母親被要求和孩子討論展覽內容，就像她們平常所做的一樣。另一半的母親則被要求保持沉默，除非孩子問問題，她們才能簡短回答正確的答案。一個星期後，那些和媽媽自由討論展覽的孩子，記得的東西遠比另一半的孩子要多很多。

不過，泰絲樂和尼爾森還有其他的發現。在這項研究之前，她們對這些母親一無所知。因為這些博物館裡的對話被錄了下來，當研究員重播這些對話後，對這些可以和孩子「正常」交談的媽媽們所展現的不同風格感到相當震驚。她

們很輕易的就能分辨出誰是發揮型、誰是重複型母親。發揮型母親的特點是使用類比法相當頻繁。她們很努力的把孩子看到的東西和過去經驗做連結。和重複型母親的孩子相比，這些發揮型母親的孩子在回憶過去經驗的表現上遠優於重複型母親的孩子。所以這種做法不僅有助於擴大與孩子交談的視野，也能把現在與過去的事情互相連結。使用類比法是建構高效能溝通，亦即「象徵性的強調」，如同哈特與萊司利記載的重要因素之一。

　　這些研究促成了另一個了不起的發現。孩子對於博物館展覽的印象與是否有「共同參與對話」息息相關。如果孩子發表意見時母親沒有回應，或母親發表意見卻得不到孩子任何反應，孩子對那個展覽就不會有任何印象。這是個很重要的發現，因為這代表了共同的注意力和分享的經驗（溝通）對這個年紀的孩子能否記住過去的事件，或是至少能把記住的影像和想法寫下來，扮演著主要的角色。

　　有個類似的研究，是以一群陪母親參加照像之旅的四歲孩子為對象。在這項研究裡，研究人員事前就已經知道母親的溝通模式。母親和孩子必須合作挑選攝影的物品並進行拍照，由研究員保留底片並沖洗出來。之後每個孩子在家裡接受訪談，而且第一次看到拍出的照片。訪談的形式不拘，研究員可能問發揮型的問題（你為什麼拍這張照片？你想表現的是什麼？），或是重複型的問題（這是什麼？）。研究

人員以為無論母親是哪種溝通模式，孩子應該會順著自己性子回答，然而事實並非如此。

　　母親的風格對孩子有很大的影響。有發揮型的母親，就有發揮型的孩子，孩子的回答也很詳細。重複型母親的孩子回答時就顯得一貫的簡單實際。以下是每種孩子對重複型問題「那是什麼？」的回答：

　　發揮型母親的孩子：嗯，這是一間舊教堂。媽媽很喜歡它，不過她讓我來拍照。我要，嗯，不要拍到那棟建築，可是結果不是我想的那樣，對吧？看起來怪喔？

　　重複型母親的孩子：這是教堂。

　　無論是重述過去事件，談論未來，或是正在進行的互動對話，都有賴孩子是否能記住那些事件並清楚表達出來。不只如此，父母的對話模式對孩子有著深遠的影響。然而這樣的認知，能讓父母（和老師）更有效率的協助孩子了解童話世界嗎？

解讀童話世界

　　即使在今日，在馬拉喀什（Marrakesh，摩洛哥南部大

城）廣場裡，你仍會看到說書人在漫天的灰塵裡，拿著翻到爛的書本，大聲說故事給那些圍在身旁、滿臉熱切的孩子們聽。每個人都喜歡聽故事，甚至連根本聽不懂幾個字的一歲小娃也不例外。

對孩子而言，故事代表幻想世界。在大約十八個月大時，他們會把這個世界放入自己的遊戲裡。這是一個動物會說話，會騎水上摩托車，會開車的世界。然而當孩子似乎了解到自己的幻想遊戲只是「假裝」的同時，他們對故事的真假與否卻不是很肯定。大人知道角色只存在於故事裡，可是小孩卻覺得自己就是彼得兔，也相信小熊維尼是真的？孩子的內心世界裡應該有幻想角色如聖誕老人和復活節邦尼兔的存在嗎？

人類生來就愛幻想。因為頭腦的運作，我們相信如果兩件事同時發生，必定事出有因。於是我們把稀有的事件當成預兆：我就知道時鐘停在那個時刻是某種徵兆。孩子往往會沉溺於幻想之中。而這些想像力是教育所要除去的。所以我們該怎麼把幻想與真實劃清界線？想像力太豐富的孩子有時會想像他們能飛簷走壁。小女孩讀了灰姑娘的故事後，相信她們也會在舞會裡遇見王子。

如果太過「虛幻」不是件好事，那「超級現實」應該也不討喜吧。如果有幼稚園小朋友分析聖誕老人不可能在一個晚上跑遍全世界送禮物給小孩子，想像一下其他小孩會多

麼怒火中燒。當爾尼說月亮跟著他走來走去時，我們會讚賞他的詩情畫意。然而當亞瑟告訴我們月亮是個離我們幾百萬哩遠、繞著地球運行的大石頭時，我們會覺得渾身不對勁。

童話如何幫助孩子了解這個世界？它們真如教育界人士所說，能幫助孩子發展更好的語言技巧，堅定的道德標準，以及對文化價值的認知嗎？光聽這些源自十八、九世紀歐洲的童話故事，就能讓孩子學到這麼多東西？還是讓她和家人朋友討論真實事件，反而會更有幫助？我沒有這些問題的答案，但我很樂意分享我的觀點。我認為童話對孩子是有好處的。我們知道故事能協助建立字彙庫。一項研究顯示，孩子的故事書裡包含的字彙，要比電視上的成人情境喜劇和大學生對話裡的字彙複雜得多了。而父母們可以善用故事時間，確保孩子能從中學到更多。幫助孩子認識故事的本質和文法規則，了解即使故事內容包羅萬象，但結構都大同小異。故事也不是例行活動或個人自傳。父母可以以真實世界為藍本，創造故事角色和情節。以上這些很難一條條解釋清楚，但是父母可以擇重點告訴孩子，尤其最好是在孩子心無旁鶩的讀完故事之後。孩子每讀完一個故事，父母親可以選擇問他以下一個問題。

　　場景問題：你知道這是哪裡嗎？真的有這個地方
　　　　　　嗎？人們真的能住在海底嗎？

角色問題：這個故事裡有許多動物。他們叫什麼
　　　　　名字？你知道那是哪一種動物嗎？長
　　　　　頸鹿真的會說話嗎？

劇情問題：你覺得他們在這裡做什麼？讓我們再
　　　　　看一遍。他們為什麼要在這裡？你記
　　　　　得之後發生什麼事嗎？

故事高潮：這些動物會安全嗎？他們能回得了家
　　　　　嗎？這是一個很刺激的故事對吧？

最後結局：你覺得結局會是什麼？大家因為終於
　　　　　回到家而感到安全和快樂嗎？你喜歡
　　　　　這個故事嗎？你覺得山姆勇敢（笨、
　　　　　聰明、懶惰）嗎？這些事真的發生過
　　　　　嗎？還是它只是個故事而已？

那些老掉牙的問題

孩子：媽咪，我一直問為什麼。為什麼我一直問為什
　　　麼？

媽咪：因為你對所有事都很好奇啊。

孩子：什麼是好奇？

　　　　　　　　　　　　　——來自三歲大的小孩

因果關係和時間觀念

想弄清楚個人經驗發生的順序和記得故事情節，必須先了解因果之間的連結和時間的進行。三、四歲大的小孩對因果關係仍覺得頭大，不僅不知道如何以文字表達，在了解事件的環環相扣上也有問題。卡拉南和歐克斯研究三歲、四歲和五歲的幼稚園兒童問的問題。母親們必須配合連續寫上兩個星期的日記，記錄孩子問的每個問題，以及自己對這些問題的回答。

在問題數目、問題的形式以及之後對話的複雜度上，並沒有因為孩子的年紀不同而有所差別。孩子最常問的是「為什麼」，然後是「如何」的問題。可是在想要知道什麼這方面，不同年齡的孩子就有不同的問題。三歲孩子最想知道行為背後的原因（動機），然後是機械或物品如何運作。四歲孩子對動機、機械和生物現象都很感興趣。五歲小孩感興趣的依序為動機、生物現象以及文化習俗，顯示出他們在上學後變得更重視社交。

母親們則針對孩子的年紀來回答問題，尤其是「為什麼」類型的問題。「為什麼」問句（為什麼你要把衣服吊在外面？）的答案有三種：前因（因為衣服要給太陽曬啊），後果（我們不能穿濕衣服）或兩者皆是。母親回答三歲孩子時較平鋪直述，說事實：要曬乾衣服。對待大一點的孩子時，因果關係的解釋就多一點，面對更大的孩子，回答的因

果關係內容就更複雜。這是個很有趣的事情，看著母親們自動配合調整，給予適合孩子年紀與理解程度的答案。

不過比較令人訝異的是，以上這些問題和答案，很少在母親陪孩子玩遊戲時發生。反倒是在一些例行的日常事物，譬如洗澡時間、上床前、用餐、開車，甚至在看電視時突然出現。孩子在這五種場合發問的機率高達88%。如同前一章所提到的，孩子在這五種場合裡最能放鬆，不會想著其他事情，也比較不會分心。對僅有這點時間和孩子相處的上班族媽媽，這項資訊倒是個好消息。

學齡前的孩子渴望了解世界如何運作，仍舊在努力揣摩時間概念，希望能了解因果關係。三歲前的小孩雖會使用時間字彙，卻不見得了解這些字代表的意義。

對三、四歲孩子而言，世上最大謎團之一就是週期性與時間順序（幾日內發生的例行事件，每星期裡的幾天，每個月裡的幾個星期）。兩歲的艾美莉試著想弄清楚「幼稚園上學日」和其他更長一段時間（一星期）的關係，因為這些時間裡並不總是包含幼稚園上學日（在這點上我認為她是成功的）。以下是三歲的史帝文在走路上學時所碰到的類似的例子。

　　史帝文：這……我記得水在這裡……今晚下雨時
　　　　　　就已經有的水坑？

媽媽：那是之前下雨時產生的。

史帝文：不，是昨天下雨的時候。

媽媽：不，雨是前天下的。

史帝文：不，是昨天。現在是昨天。

媽媽：現在是昨天？

史帝文：不，當我們……晚上的時候，然後……
然後是昨天晚上。當我們起床……吃
了早餐……然後上床睡覺，然後到了晚
上，太陽下山了，然後到了晚上，下雨
了，然後我們起床，然後我們，然後我
們出去，然後我們踩到那個水坑。

　　史帝文碰到一個很棘手的問題，那就是昨天（像明天
一樣）永遠不可能是今天。他似乎也意識到這個問題，所以
開始回想前天他做了些什麼。他表現的還真不錯。當他回想
昨天發生什麼事時，他把幾天的事情以向前進展的順序說
出，從吃晚餐開始……然後上床（晚上）……接著太陽出
來了……然後是晚上……然後下雨……然後是第二天早晨
（今天），也就是他們踩到水坑的那天。然後事情回到原
點，只是比之前更混亂了，因為今天（真正的今天）變成了
他們踩到水坑的那天，而不是事情真正發生的前天！無論如
何，一個三歲小孩能做這樣的思考已經很了不起，因為這個

年紀的孩子對時鐘概念是差到不行的。許多孩子都認為在他
們睡覺時，時鐘也會停下來休息。

我的話題，還是你的？

就算是年幼的孩子，對談話對象也要有一定的敏感
度。如我們先前提到的，當父母順著孩子感興趣的話題往下
聊時，對話的成功率就比較大。然而這算是一種單向溝通，
孩子不可能期望和同學聊天時，對方也會這樣順著他，聊他
想談的話題。

有關前一章所提到的平行對話，我們看到兩歲孩子對
共同話題閒聊方面，並不怎麼在行。我們可以從例子中看出
兩人的談話內容互有衝突。一個孩子談的是在家裡的經驗
（非眼前所見之事）以及突然出現的南瓜，另一個小孩則把
她當下的行為訴諸口語。幼兒在和玩伴玩耍時最能增進會話
能力，尤其是當他們談論一些日常生活，例如做扮家家酒的
晚餐或是用積木做車子等等。而且內容是愈複雜愈好。如果
孩子們做同一件事或合作進行新活動，如串珠子，畫圖或用
積木建高塔，也能增進會話能力。

不過大家都知道，要和陌生人自在交談實非易事。有
些人就是比別人在行。以下是尼爾森記錄的一個由兩個四歲
的女孩在幼稚園裡的對話。在此我要聲明，女孩子的會話能
力一般而言會比男生強。

A：早上然後午餐時間到了。

B：可是先有點心，然後才是午餐。

A：嗯，只有在學校，對吧？

B：對，只有在學校才這樣。

A：在家就沒有。

B：呃，有時我們在家也會吃點心。

A：有時。

B：因為當有些特別的小孩來拜訪我們家時，我們有時就有點心吃。像，像是熱狗，或餅乾，等等那些東西。

A：嗯，那些東西。也可能是蛋糕。

B：或是熱狗。

A：或者是熱狗。

B：可是，可是，可是，吉兒和麥可不喜歡熱狗，你知道嗎？你認識吉兒和麥可嗎？

A：我認識另一個麥可。

B：我懂了。我認識的是另外一個麥可。

A：嗯，我只知道一個麥可。只認識一個麥可。

　　這段對話令人激賞之處在於她們沒有離題，因為她們的對話從學校轉移到家裡再換成她們所認識的人，一直都沒有偏離主軸。她們談論不同話題，加入原來的對話裡。小孩

B甚至能將心比心，了解到自己和同伴認識的麥可是不同的人。我猜想這兩個孩子的父母是發揮型的。這種先肯定對方的發言且延伸其話題的對話技巧，應該當成學習典範，不過這也不可能一蹴即成。孩子不會因為長大，會話技巧就自然變好。許多大人都有突然轉變話題的毛病，或者沒考慮到聽眾是否聽懂。在針對不同年齡孩童的調查中，這些對話錯誤都很常見，甚至連青少年也常犯這些毛病。

轉變話題有時被當成一種工具，夫妻尤其擅長使用這種轉移話題的方式來逃避不愉快的話題。

瑪莎：有件事我必須和你談談。
吉姆：妳有看到我的綠色條紋領帶嗎？
法蘭克：這些信用卡帳單啊⋯⋯
蘇：我有告訴你珍妮佛加入田徑隊嗎？

如果你想鼓勵孩子變成溝通高手（或是很會寫文章），不屬於發揮型父母的你必須馬上學著使用。一旦孩子開始進步，請記下她沒說清楚的地方：「在學校的是哪個麥可？你知道有兩個麥可嗎？」這是幫助孩子了解聽眾並非總是知道你在說什麼的好方法，也可以趁這個機會推測聽眾沒有說出的訊息。你還可以用類似的方式來協助孩子發展寫作技巧，讓孩子知道寫文章時不能忘了讓讀者了解是第一要務。

關於幼稚園的二三事

　　沒有和其他同齡孩子說話的機會，孩子就沒辦法成為溝通好手。如果你住的社區治安良好，有許多不同年紀的孩子玩在一起，上不上幼稚園就無關緊要。如果你住的是公寓、都市裡或偏遠鄉下，上幼稚園就會是個不錯的選擇。

　　請注意對於這個年紀的小孩（不是兩歲喔），幼稚園的首要功能是提供社交經驗：學習如何和其他小孩和睦相處，分享玩具和空間，一起玩遊戲，和對方針對某個話題閒聊。其他好處包括適應陌生環境，和不認識的大人互動以及遵守團體秩序，還有機會可以接觸藝術和音樂。當然，一個好的幼稚園所提供的設備和物資，遠比一般家庭要多得多。

　　請留心，除了同儕間的互動以外，上幼稚園並不能讓孩子在語言（或寫字）上得到重大的進步。大人與小孩之間的對話在學校裡出現的機會遠比家裡少，對話時間也很短暫。這是必然的，因為孩子與教師比例大約是十比一，以至於老師大部份的時間都花在維持秩序和要求守規矩上面了。

　　大衛‧狄更生在一家風評良好的幼稚園觀察多時，發現不論老師們是在巡視上課情況，觀看孩子在室外玩耍，或是在午餐時，大部份的發言都是為了維持秩序和糾正行為。那些少數和孩子一對一的談話大都在老師沒事、下課或是在

教師休息室裡發生的。老師就像父母一樣，各有不同的溝通模式。有些老師會點名學生進行互動，開開玩笑，重複並肯定學生的言論，對教學充滿熱情。有些則一副權威樣，說的話如同聖旨；他們重複問孩子問題，譬如要孩子說出某個字彙或說對某個東西的名稱。

　　從上面我們很清楚的知道，為什麼孩子沒辦法從幼稚園裡得到太多和大人互動的機會。至於有關孩子是否能從與同儕互動中學到對話技巧，則非研究人員的觀察重點。上述有關四歲孩子的複雜對話，也不是這個年紀孩子的典型對話。（研究人員常常會把他們觀察到的最特別的例子拿出來講。）三、四歲孩子究竟有沒有需要藉由彼此的交談來增進社交和語言能力，以及幼稚園是不是比其他場合更有助於孩子在前述層面的發展，到現在仍是未知數。

　　也有其他研究顯示，上幼稚園的孩子比較缺乏好奇心，也比較少從事複雜或需要思考的活動。在自由玩耍的時間裡，有些孩子一次又一次回去做同樣的活動。在蒙特梭利幼稚園（或許是最好的幼稚園吧），老師們還是會嘲笑並禁止孩子做某些喜愛的活動，譬如拿湯匙把水從這個容器倒到另一個裡。在我所做的幼稚園相關的研究裡，觀察員對幼稚園最深刻的印象，就是這個環境對於許多男孩，尤其是那些對新鮮環境很敏感的孩子，會造成一種眼花撩亂的效果。那些會讓人分心的活動（活動換來換去，活動中一直被打斷）

似乎是環境所造成的。在此我要趕快補充一下，標榜有井然有序的蒙特梭利幼稚園裡，這類的行為相對上就少見多了。

父母的學習指南

　　這章裡提到好幾個有關父母的說話方式對孩子記憶力的影響。我們知道想讓孩子記住你要他們學的字，是行不通的。孩子的口語字彙以驚人的速度累積，可是僅限於他們想知道的，和他們要說的字。因為通常孩子們在說出這些字前，其實就已經聽過許多次，所以「重複」看起來似乎是很重要的。然而這其中的重點是，孩子是從不同的對話內容及不同的時間聽到學到這些字彙，而不是隨便一遍遍死讀死背就可以學到的。

如果鼓勵孩子學習

　　有許多不同的方法能幫助孩子學習更多口語字彙。透過父母由淺入深的教導，孩子就能學到更多的新字彙，更長的字，更長的句子。試試看吧。如果你教得太複雜，孩子會告訴你。如果你不確定，就問問題：你知道我在說什麼嗎？有沒有哪裡不懂？孩子透過新的經驗、新的地方和新的事物學習新的字彙。去科學館或探索館是教導新字的很棒的方法。孩子會記住並使用那些和他們感興趣的事情有

關的新字。如果你的孩子問你一個名稱，把握機會告訴他更多資訊，重複這個字數次：噢，那是一隻甲蟲。甲蟲不會傷害你。甲蟲有六隻腳喔，看到沒？如果你的孩子對某個東西超級感興趣，譬如狗狗，你就可以告訴他是哪種品種（下級字）：那隻身上有黑白斑點的叫做大麥丁。

檢查一下

你的孩子對例行事務和敘事腳本的掌握有多好？如果你要她說個故事給妳聽呢？以下有些簡單的遊戲能幫助你了解。

陪孩子玩的時候，選一隻她的玩具或布偶，最好是那種臉上帶著傻笑的玩偶。先來一段介紹，讓孩子知道這個玩偶（就叫「滿寶」好了）什麼都不懂。他住在家裡，沒有上學、不去教堂或是商店。或許你的孩子可以告訴他，自己都在商店裡做什麼。如果你有一個掌中玩偶，你可以這樣開始這個遊戲：

滿寶，你知道什麼是雜貨店嗎？【滿寶搖搖頭。】噢，你看，滿寶不知道什麼是雜貨店。他從來沒有和我們一起去雜貨店，對吧？你來告訴他我們在雜貨店裡做什麼好嗎？滿寶，你要聽嗎？【滿寶點點頭。】

　　如果你要留下紀錄，數數看你的孩子在這個雜貨店腳本裡，用了多少個介系詞（代表資訊）。注意這些事情敘述的順序是否正確。

故事文法

　　儘管聽過千百遍，要記住故事情節的發展順序和自己說一個故事，對孩子來說簡直難如登天。至少要到八歲，孩子才會說故事。問題之一就在於缺乏對故事文法的了解。你或許以為只要聽聽故事，就能掌握故事的文法結構，其實不然。你也可能直到讀到這本書，才知道故事有故事的文法。但我們知道，這個文法對於整理故事內容的記憶（講一個類似的故事），以及講一個新的故事，都是非常重要的。

　　你當然不需要等到小孩九歲了才讓他從這種訓練中學習。孩子三歲時，你就可以開始和他玩說故事遊戲，也就是你和孩子輪流說故事。把這個活動當成是睡前或其他時段的例行活動。一次練習一種故事元素。你可以把故事講得愈誇張愈好，來增添遊戲的樂趣。你可以這麼起頭：如果你告訴我一個故事，我也會說一個給你聽。

故事的開始

　　首先要注意的是故事開頭。故事通常都有個很明顯的標記，讓人一聽就知道這是個故事，這是故事的開始（「很

久很久以前」），雖然這不是絕對必要的。接下來你就要描述一個場景，介紹一個或更多角色出場。

很久、很久以前，有個小男孩住在一座高山上，山裡有很多甜甜圈樹木和蘋果汁瀑布。小男孩四歲了，有一雙藍色的大眼睛和一頭紅髮。

編什麼故事都可以。如果孩子不太懂你在說什麼，就花點時間解釋，或是用畫圖來表達。如果他想知道更多資訊，就給他，但要確保那些訊息只與這部份的故事有關。

然後說：

到目前為止，你喜歡這個故事嗎？我的故事就是這樣開始的喔。現在換你來說故事了。你要想一些別的，不能用我的故事。【在孩子說出他的故事之前，拒絕繼續說你的故事。】

看看他怎麼開的頭，引導他說出該說的，如果他漏說了什麼，就問他：

這個故事在哪發生的？那裡是哪裡？是什麼樣的地方？故事裡有誰？他的長相如何？老或是年

輕？是動物還是人？

如我們先前看到的，孩子常常把自己當成主角。告訴他主角不能是他，也不能是任何他認識的人。主角必須是捏造的角色。這是遊戲規則。在這些都搞定後，寫下孩子最終的結論。（也把你編的故事儘可能寫下來。）你可以繼續，也可以留下來改天再用。

其他故事元素

第二天晚上又到了故事時間，請以同樣模式依序練習（一次一個）每個故事元素。接下來的元素是劇情。把劇情分成兩個部份，分別練習。

1. 突發事件。因為主角的某個行為，或是外在環境影響而引發的事情。這個事件可能是新的體驗、挑戰、障礙、任何會引發行動的事件。
2. 主角或敵人對突發事件的反應，包括計畫、計謀、逃走、戰鬥、躲藏或任何舉動。

劇情（動作篇）出來之後，下一個故事元素是故事的問題解決之道，也就是問題解決時的高潮，旅程的終點等等，然後一切回復正常，或是出現重大事件改變一切（結婚）。最後，是故事結局的標記：惡龍再也沒出現，從此以

後他們過著幸福快樂的日子。如果孩子和她的兄弟姐妹都很喜歡這個說故事遊戲，你可以玩這個遊戲玩上好幾年。

結論

培養孩子的閱讀能力是一項吃力且漫長的任務，需要父母全程的投入。父母和孩子早期的互動會影響到孩子常用的語言技巧能力，而這正是養成閱讀理解力最關鍵的條件，對孩子接受學校教育後能否進步更是非常重要。閱讀理解力和聆聽理解力——亦即了解他人談話的能力高度相關。這兩種理解技巧對十二歲以上孩子的課業成績影響非常深遠。在此之前，學校課程對孩子的字彙和常用語言技巧的要求倒沒那麼強烈。

在此，希望我已經給了你足夠的勇氣去嘗試。祝福你們在培養孩子的過程中都很順利！